studieren

studieren

Ein fröhliches Wörterbuch
für Studs, Ex-Studs, Assis, Proffs
und andere gescheiterte Existenzen.

Von Günter André
mit Zeichnungen von Brian Bagnall

TOMUS

Druck: Cantz, 7302 Ostfildern 1 (Ruit)
Bindearbeiten: Sigloch Buchbinderei, Künzelsau
6 7 8 93 92 91 90

ISBN 3-8231-0146-3

Aberglaube

A

Aberglaube

Der Glaube von uns Studenten, nur wir könnten die Menschheit vor dem Weltuntergang bewahren. Das Gegenteil ist richtig. Nur der Weltuntergang könnte die Menschheit vor uns bewahren.

Abitur

Formale Qualifikation. Führt entweder zu Macht, Reichtum, Ansehen, Wohlergehen, innerem Frieden, Lebensglück und ständiger Euphorie oder zur Universität.

Abiturzeugnis

Wichtige Urkunde. Berechtigt zum Studium an Hochschulen. Sollte daher sofort nach Erhalt vernichtet werden.

abschalten

Der erfahrene Student weiß, daß es das Klügste ist, vor Klausuren einfach abzuschalten. Doch er weiß auch, daß selbst die hundertste Wiederholung eines Hans-Moser-Films noch tausendmal interessanter ist als die erste Wiederholung eines Klausurskripts.

Achtundsechziger

Vorfahre des heutigen Studenten. Wir wissen wenig über ihn. Historische Dokumente weisen ihn als leicht reizbaren, wild behaarten Krieger aus. Lange Zeit glaubte man, er habe sich nur von Mao-Zitaten, Drogen und Gruppensex ernährt. Heute wissen wir, daß er auch Kopfsalat, Gurken und Radieschen aß. Die vitaminreiche Kost macht seine einzigartige Ausdauer erklärlich. Er konnte jahrelang demonstrieren, ohne sich auch nur ein einziges Mal in einer Vorlesung auszuruhen.

aktiv sein

Schlüssel zur Chefetage. Moderne Unternehmen suchen Absolventen, die dynamisch sind wie Sprungfedern. Ein Beleg unter vielen ist der legendäre Erfolg von Bert, „die Rakete“, dem – nachgewiesenermaßen – aktivsten Studenten der siebziger Jahre: Der „Rakete“ gelang es, in nur zehn Semestern 7 verschiedene Unis und 112 Fortbildungsseminare zu besuchen, 11 Praktika in 13 Staaten zu absolvieren, 5 Jugendorganisationen und 8 Dachverbände zu gründen und mehrfach zum Mond zu fliegen.

Schon einen Tag nach der Abschlußprüfung lagen ihm 21 Angebote aus allen Teilen der Erde vor. Die 17 lukrativsten nahm er an.

---

anmachen

Frustrationstraining. Entspricht einem Balzritual mit fester Rollenverteilung: Das Männchen probiert's, das Weibchen ignoriert's.

Arbeitsmarktberichte

Erfolgreiche Horror-Serie. Hat alle anderen Genres (Heimatromane, Arztromane u.a.) vom Campus verdrängt. Auch Wirkung auf andere Medienbereiche (drastischer Rückgang von Vampir- und Zombie-Videos). Die Arbeitsmarkt-Serie gilt unter Kennern als „hardest stuff", Kritiker bezeichnen sie als Ausbund an Brutalität und Gipfel der Geschmacklosigkeit. Ebenso die Bundesregierung. Ihr Versuch, sie zu zensieren, scheiterte jedoch am Fehlen einer Rechtsgrundlage.

Ärgernis

Studentin, die nur auf Männer über vierzig steht. Hat Tomaten auf den Augen und die Intelligenz eines Suppenhuhns. Sollte besser putzen gehen, anstatt den Eltern auf der Tasche zu liegen.

---

auffallen

Traum vieler Studenten. Im Zeitalter der Massenuniversität Kunst für Auserwählte. Der Versuch des gewöhnlichen Studenten, Spuren im Gedächtnis eines Professors zu hinterlassen, scheitert in der Regel in zwei Episoden:
1. Episode (sog. kriechende Phase): Der Student stellt in jeder Vorlesung siebzig interessierte Zwischenfragen und besucht außerdem regelmäßig die Sprechstunde des Dozenten. Resultat: Der Professor, der sich tausend Namen merken muß, verwechselt ihn mit Wim Thoelke oder seinem Psychiater.
2. Episode (sog. rasende Phase): Der Student erleidet einen Nervenzusammenbruch, lauert dem Dozenten vor seinem Büro auf und bewirft ihn mit schweren Bibliotheksbänden. Resultat: Der Professor, der sich tausend Züchtigungen merken muß, verwechselt ihn mit seiner Frau oder seinem großen Bruder.

Aufschrieb

Meist leeres Blatt. Aufschriebe enthalten das gesamte Wissen, das dem Studenten in Vorlesungen vermittelt wurde. Ihr Wert ist unschätzbar. Eher wird ein Student sein Leben hingeben als eine einzige

Ärgernis

Aufschrieb

seiner Aufschriebseiten. Es sei denn, sein Kumpel möchte gerade einige Papierflugzeuge bauen.

---

aufstehen

Kampf mit tausend Löwen. Das tägliche Aufstehen gehört zu den wenigen Pflichten, denen sich auf Dauer niemand entziehen kann. Selbst der hartnäckigste Student muß irgendwann zur Toilette.

Auslandsstudium

Dauerfest zu Ehren des Dionysos. Erfahrungsgemäß besuchen die meisten Studenten, die im Ausland studieren, die Uni nur zum Essen. Andere wiederum lernen sie erst über die Postkarten kennen, die sie nach Hause schicken. Dennoch fördern Auslandsstudien die Bildung ganz ungemein. Insbesondere die von kurzlebigen Partnerschaften, internationalen Tennis-Doppeln und unerwarteten Finanzierungslücken.

---

aussieben

Studentenjagd. Umfragen zufolge beliebtester Professorensport.
Studentenjagden - Hauptsaison Semesterende - zählen zu den ältesten Vergnügungen der deutschen Professorenschaft. Ihr Ablauf hat viel Tradition:
Seit jeher werden die Studenten zunächst mit tückischen Anschlägen in irgendeinen Saal gelockt - das unblutige Vorspiel. Dann passiert's: Binnen weniger Sekunden prescht der Professor aus seinem Versteck (Jägersprache: dem „Büro“) hervor und feuert zahllose Klausurzettel ab! Ein Kampf auf Leben und Tod beginnt. In panischer Angst zücken die Studenten ihre einzige Waffe, den Kugelschreiber, und versuchen, die mörderischen Klausurfragen zu bezwingen. Allzu oft vergeblich ...
Nicht wenige Professoren, so heißt es, haben ganze Wohnzimmerwände mit den Klausuren erlegter Studenten verziert.

B

BAföG

Überlebenshilfe für Studenten. In Höhe und Form lange umstritten. 1983 eine überzeugende Kompromißlösung des Gesetzgebers: BAföG wird nur noch als Darlehen gewährt, dafür aber soweit wie möglich gekürzt. Auf diese Weise müssen die Studenten so wenig wie möglich zurückzahlen (siehe: Vater Staat).

Benotung

Bewertung der Leistung eines Studierenden durch einen Lehrenden anhand von Kriterien, die dem Lehrenden in der Regel völlig unbekannt sind. Berühmt geworden ist das Professoren-Experiment einer Gruppe von 30 Freiburger Soziologie-Studenten: Sie teilten sich in drei Versuchsgruppen. Gruppe 1 gab in allen Seminaren am Ende des Semesters die geforderte Hausarbeit ab, Gruppe 2 hingegen die Morgenzeitung und Gruppe 3 belegte Brötchen. Das erstaunliche Ergebnis: Die Durchschnittsnote der Brötchen-Gruppe betrug 2,1, die der Zeitungsgruppe 1,9, während für Gruppe 1 keine entsprechende Note berechnet werden konnte, da einige Hausarbeiten wegen falscher Zitierweise zurückgewiesen wurden.

Berufserfahrung

Voraussetzung für den Eintritt ins Berufsleben. Jeder Absolvent, der sich um seine erste Stelle bewirbt, sollte schon mehrere Jahre woanders gearbeitet haben. Die moderne Industrie kann es sich nicht leisten, Neulinge einzustellen, die weder wissen, wie man einen Konzern führt, noch wie man den Weltmarkt beherrscht! (Schließlich weiß es ja sonst schon niemand.)

Bett

Lebensraum des Langschläfers, einer seltenen Studentenspezies, der nach wissenschaftlichen Schätzungen etwa 99 Prozent aller Studenten angehören.

Bier

Flüssignahrung für Studenten, die sich die Zähne am Studium ausgebissen haben (siehe Student, ewiger).

Buch

Wichtigstes Arbeitsgerät des Studenten. Als Frühstücksbrett, Fliegenpatsche oder Topfdeckel unentbehrlich.

Bude

Klassische Bezeichnung für Zimmer eines (unverheirateten) Studenten. In die öffentliche Diskussion geraten ist der Begriff vor allem durch die regelmäßigen „Budenberichte“ des Bundesgesundheitsamtes, die seit Jahren eindringlich vor dem Betreten einer Bude warnen.

Berufserfahrung

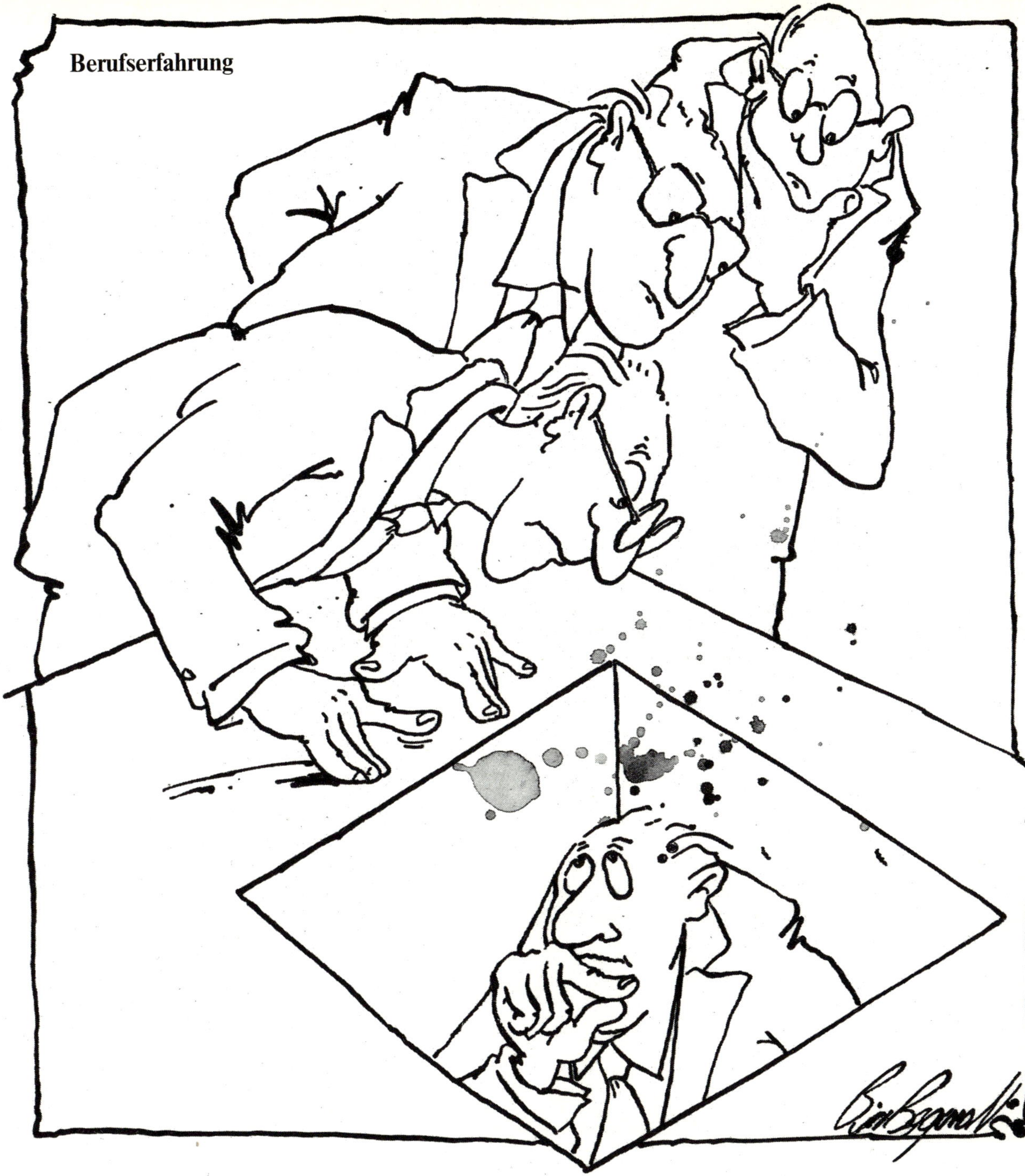

High Folks!!
Maybe the alltime king of all characters!!?
Anthropomorphism!?

Zitat: „Vom medizinischen Standpunkt aus gesehen sind längere Aufenthalte in Buden zu vermeiden. Sie führen nicht selten zu Staublungen, Knochenbrüchen (auf dem Boden liegende Bananenschalen, Eisbecher, Schnapsflaschen) und ungewollten Schwangerschaften."

C

Chauvi

Sehbehinderter Student. Nimmt Frauen nur als Putzfrauen oder Köchinnen wahr.

Chauvinismus, Krise des

Einst unumschränkter Herrscher über die Welt, ist der Chauvi heute - zumindest an den Hochschulen - vom Aussterben bedroht. Der Grund: Ein neues Wesen, das noch widerstandsfähiger, noch aggressiver, noch grausamer ist, hat die Bühne der Erdgeschichte betreten - klein und schmächtig, doch mit einer Zunge versehen, von der mehr Gift ausgeht als von einem Schlangenbiß: die Emanze. Wissenschaftler sagen den Chauvis noch eine Lebenszeit von höchstens 20–30 Jahren voraus, falls es ihnen nicht gelingt, in den Weltraum auszuwandern oder den Meeresboden nutzbar zu machen.

Comics

Studieren ist harte körperliche Arbeit. Skifahren, Tennis, Surfen, Bergsteigen - eine Anstrengung jagt die andere. Doch viele Studenten bemühen sich auch um ihre geistige und sittliche Ausbildung. Deshalb lesen sie regelmäßig Comics und Bilderbücher.

Computer

Mensch der Zukunft. Tobias Hacker (Informatik, Dortmund), der seit sieben Jahren mit einem PC zusammenlebt, beschreibt seine Vorzüge gegenüber einem konventionellen Lebenspartner so: „Mein Schatzi redet nur, wenn er gefragt wird, hat eine zuverlässige Gebrauchsanweisung, keine Verwandtschaft, zeigt seine Kurven auf Knopfdruck und duldet auch Beziehungen zu anderen Puppen."

D

deutsch

Fremdsprache an deutschen Universitäten (s. Fremdwort). Die Ergebnisse einer vom Bildungsministerium in Auftrag gegebenen Studie über die „Beherrschung der deutschen Sprache an deutschen Universitäten“ waren alarmierend: Lediglich einer von 2000 getesteten Wissenschaftlern erreichte den Normalwert von 100 (entspricht: „Schreinermeister mit Realschulabschluß“) - ein afrikanischer Gastdozent aus Togo. Der Durchschnittswert lag bei 74 (entspricht: „Schafshirte mit chronischem Verstandesverlust“), mehrere Sozialwissenschaftler kamen sogar nur auf 47 Punkte (entspricht: „Menschenaffen im Frankfurter Zoo“).

Diskothek

Tempel der Kommunikation: Diskotheken gehören zu den wenigen Orten unserer volltechnisierten Welt, an denen die Jugend noch miteinander spricht. Etwa wie folgt:
Student (brüllend): „Darf ich dich zu einem Drink einladen?“
Studentin (kreischend): „Wie bitte?“
Student (brüllend): „Darf ich dich zu einem Drink einladen?“
Studentin (kreischend): „Ich versteh dich nicht!“
Student (brüllend): „Wie bitte?“
In dieser Weise plaudert man meist noch ein paar Stündchen weiter. Erst gegen Mitternacht tritt man für gewöhnlich mit einem gesunden und natürlichen Durst den Heimweg an.

Doktorand

Angehender Doktor. Lieblingsneffe der Oma. Doktoranden besitzen einer Analyse der Bundesanstalt für Arbeit zufolge eine große Gemeinsamkeit: Sie sind Idioten. Oft genug verschlechtert nämlich eine Promotion die Berufschancen.

Doktorvater

Hochtrabende Bezeichnung für habilitierte Hebamme.

---

dreiundvierzig

Problematisches Alter. Bei Studenten typischerweise Beginn der Midlife-crisis. Alles trifft zusammen: Der älteste Sohn hat das Studium aufgenommen und schreibt bessere Klausuren, der Vater been-

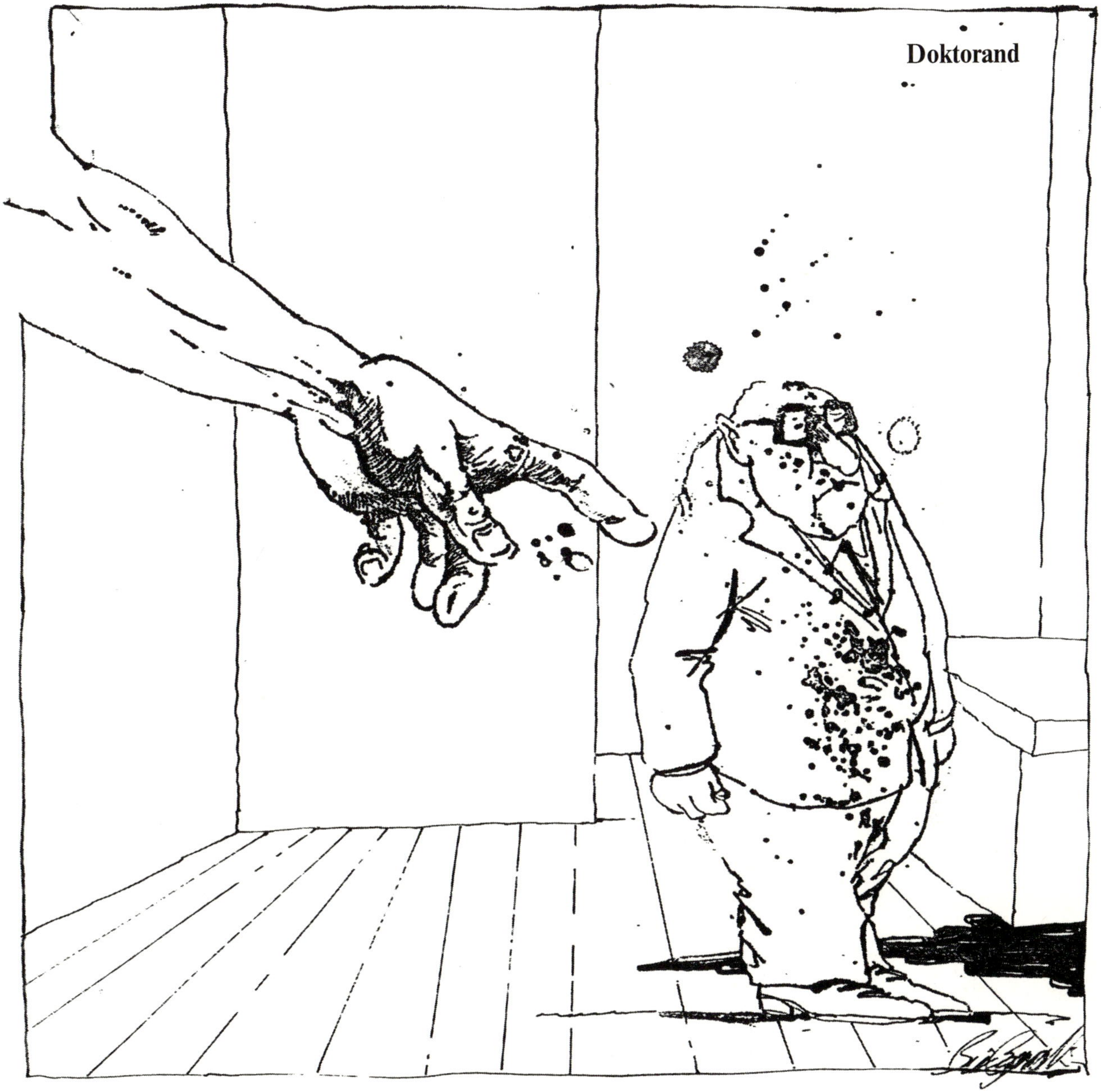
Doktorand

det die Unterstützung mit der fadenscheinigen Begründung, ein Rentner habe selbst Anrecht auf Versorgung, der einzige verbliebene Kumpel stirbt, und beide bislang erworbenen Scheine zerfallen zu Staub.

Durchfallquote

Spiegelbild der Seele des Korrektors. Stellvertretend sei auf die berühmt gewordenen Fälle der beiden Professoren Kurt Kater (Betriebswirtschaft) und Alwin Krause (Soziologie) verwiesen: Kurt Kater, bekannt auch als der „Schlächter von Berlin“, erwarb sich jahrelang durch konstante 100-Prozent-Durchfallquoten in der Wissenschaftswelt viel Reputation. Erst ein energischer Vorstoß der Studentenschaft machte seinem Treiben ein Ende: Es kam zu einem Disziplinarverfahren, das Erschütterndes zu Tage brachte: Kurt Kater, in Fachkreisen als Verfasser einer fünfbändigen „Theorie der Kostenersparnis durch Verzicht auf Fensterblumen“ hochgeschätzt, war eigentlich ein verhinderter Metzger . . .
Gleich nach dem Abitur hatte er sich bei einer Kölner Fleischerei beworben, war aber schon nach kurzer Probezeit wieder entlassen worden, weil er beim Wurstmachen ständig wollüstig stöhnte und außerdem darauf bestand, schlachtreife Tiere in einer mehrtägigen Operation „Folterlust“ „hinzurichten“.
Nach seiner Entlassung beschloß er, Professor zu werden, „um wenigstens Studenten exekutieren zu können.“
Völlig anders lag der Fall bei Alwin Krause, der zwanzig Jahre lang in Examensprüfungen nur die Note „Eins“ vergab – unter anderem auch an sieben Chemie-Erstsemester und neun Putzfrauen, die sich in der Tür geirrt hatten, sowie an zwei Einbrecher, die er über „kybernetische Gesellschaftskonzepte“ prüfte. Wie sich zeigte, litt Krause an dem Wahn, „eine in früher Jugend begangene Untat“ (Er hatte als Siebenjähriger versehentlich einen Gartenzwerg der Nachbarn umgestoßen. Der Zwerg war zerbrochen.) „fortwährend durch gute Taten sühnen zu müssen.“

Elend, studentisches

E

Einschreibung Studentengeburt. Verläuft dank eines hochentwickelten Regelapparats heute weitgehend problematisch. Geburtsfehler wie Mägen, die sich beim Anblick von Formularen zusammenziehen, oder Nerven, die beim Betreten von Sekretariaten versagen, sind keine Seltenheit.

Eintopf Höchststrafe an deutschen Universitäten (siehe Mensa).

Elend, studentisches Die Zeiten sind hart. Amor, im alten Rom noch ein geflügelter Knabe mit Bogen und Pfeil, ist heute ein zahnloser Greis. Er schießt zwar noch, doch – mit zitternder Hand – mehr schlecht als recht. Hintern-, Bein- und Kopfschüsse sind keine Seltenheit. Und trifft er doch einmal ins Herz, so meist ins falsche. Eine Studentin aus Hamburg klagt: „Es ist wie verhext. Wenn ich mich verliebe, dann nur in Touristen aus Konstanz oder Freiburg. Einmal war es sogar ein Mexikaner, der gleich am andern Morgen in seine Heimat zurück mußte."

Emanze, engagierte Militante Studentin. An Unis meist in Form eines schlagkräftigen Kampftrupps (siehe Frauenreferat) organisiert. In ihrer Aggressivität nur noch zu vergleichen mit hungrigen Löwen.

Englischkenntnisse Zusatzqualifikation. Glaubt man den Studienberatern, sind Englischkenntnisse heute für jeden Beruf, vom Schuhputzer aufwärts, absolutes Muß. Allzu Ehrgeizige versetzt dies in helle Panik. Heiße Affären mit früheren Englischlehrern werden begonnen, entfernte Verwandte in Australien besucht, Studienaufenthalte in Oxford, Cambridge, Edinburgh, Dublin, Sydney, Montreal, New York, Boston und auf den Fidschi-Inseln geplant. Erfahrene Studenten hingegen wissen: Für die eigentlich interessanten Jobs (Bundespräsident, Bundesverfassungsrichter, Tarzan-Darsteller) genügt es, wenn man seinen Namen in fließendem Englisch schreiben kann.

Erste Reihe Tabuzone (siehe Hörsaal). Wer sich in der ersten Reihe niederläßt, gilt als Streber. Sie bleibt deshalb regelmäßig frei – auch dann, wenn der

Englischkenntnisse

Erstes Mal

Dozent von den dichtbesetzten letzten Reihen aus nicht mehr von einem Kleiderständer zu unterscheiden ist. Studenten, die sich dieser Konvention widersetzen, droht die soziale Deklassierung. Der Psychologiestudent Carlo Kreisel berichtet: „Wenige Stunden später wußten es alle. Gegen fünf rief meine Freundin an und sagte, das genüge. Wochenlang sprach niemand mehr ein Wort mit mir. In der Mensa zeigte man mit dem Finger auf mich, abends verfolgten sie mich durch die dunklen Gassen und riefen ‚Streber! Streber!'" Erst im 7. Semester, nachdem er zum dritten Mal freiwillig durch das Vordiplom geflogen war, gelang Carlo die Resozialisierung.

Erster Tag

Oft schlimmste Stunden im Leben eines Studenten. Tagebuchskizzen wie die von Erwin K. sind typisch: „Den ganzen Vormittag über Hörsaal R 712 gesucht. Vergeblich. Schließlich am Südbahnhof gelandet. Mit Taxi zurück zur Uni. A 408 gesucht. Umsonst, dafür aber C 212 gefunden. Leider C 212 nie gesucht. Anschließend in Caféteria probiert, erste Kontakte zu knüpfen. Nach drei Typen, die nur italienisch konnten, vier Tussis, die nur zu Besuch waren, und einem Bodybuilder, der nur seine Ruhe wollte, aufgegeben. Zur Bushaltestelle. Auf dem Weg dorthin im Stadtwald verirrt. Mist-Stadtplan, Mist-Uni, Mist-Stadt, Mist-Welt! Zu Hause beschlossen, Schäfer zu werden."

Erstes Mal

Reise zwischen Himmel und Hölle. Es ist bei jedem Studenten dasselbe: Wochenlang hat er darauf hingearbeitet, tausendmal in seinem Zimmer geprobt, jede Nacht davon geträumt - doch nun, sechzig wartende Kommilitonen vor sich, erinnert er sich nicht einmal mehr an das Thema seines Referats.

Eilends zieht er sein fünfzigseitiges Manuskript für den Notfall hervor und liest so schnell er kann. Achtzig Minuten später ist es geschafft. Die Kommilitonen klopfen, der Professor bedankt sich und faßt die Grundgedanken von Platons Ideenlehre noch einmal zusammen. Der Student schwebt auf Wolken. Erst beim Hinausgehen fällt ihm ein, daß er kein Wort über Platon gesagt hat. Sein Thema lautete: „Formen der Arbeitsmarktpolitik am Beispiel Westsamoa".

Hastig befragt er seine Kommilitonen. Ohne Erfolg. Sie wissen nicht einmal, daß er der Referent war, geschweige denn, wovon das Referat handelte (siehe Referatanästhesie). Der Student ist erschlagen.

Gleich morgen will er zur Zugspitze fahren und sich hinunterstürzen. Auf dem Heimweg jedoch läßt er von seinem schlimmen Plan ab. Er bemerkt nämlich, daß er tatsächlich kein Wort über Westsamoa gesagt hat. Das Manuskript, aus dem er vorgetragen hat, trägt den Titel „Schweinezucht im Mittelalter" und gehört einem WG-Kumpel.

Erstsemester

Stimmungskanone. Studenten wollen lachen - wie andere Menschen auch. Erstsemester sind zum Lachen. Sie wissen nichts, können nichts und tölpeln umher. Das tun zwar höhere Semester auch, doch davon wissen Erstsemester nichts. Grund genug, jede ihrer Bewegungen mit Spott zu verfolgen.

Exmatrikulation

Heimatvertreibung. Jährlich werden unzählige Menschen brutal ihrer Zugehörigkeit zur Uni beraubt, meist sogar freiwillig - ein Skandal ohnegleichen! Mittellos, verlassen, verzweifelt irren sie umher und landen geradewegs in den Armen skrupelloser Personalchefs.
Schon einen Tag später ist es passiert: Man hat sie mit einer Arbeit betraut, an deren Folgen sie fünfzig oder sechzig Jahre später unweigerlich sterben!
Nur eine ausreichende finanzielle Unterstützung von Hochschulabgängern kann solche erschütternden Tragödien verhindern! Immer mehr Kommilitonen fordern deshalb die Einführung der dynamischen Rente für pensionierte Studenten.

Experiment

Schwank in drei Akten (Aufführung täglich, Hauptfiguren: der Assistent, der verstockte Pedell, ein aufdringlicher Student).
1. Akt
Der Assistent erklärt den Studenten, er wolle sich nun alle weiteren Erklärungen sparen und die in den Lehrbüchern beschriebenen Reaktionsgesetze anhand der Vereinigung der Substanzen A und B verdeutlichen.
2. Akt (das eigentliche Experiment)
Die Substanzen A und B haben die Lehrbücher nicht gelesen und pfeifen auf Gesetzmäßigkeiten. Sie tun, wonach ihnen ist.
3. Akt
Der Assistent brummt etwas von hoher Luftfeuchtigkeit, ungünstiger Zimmertemperatur und einem verstockten Pedell, der nachts immer Reagenzgläser vertauscht. Dann fragt er einen Studenten, ob er eigentlich nichts Besseres zu tun habe, als ihn dauernd anzugaffen.

Erstsemester

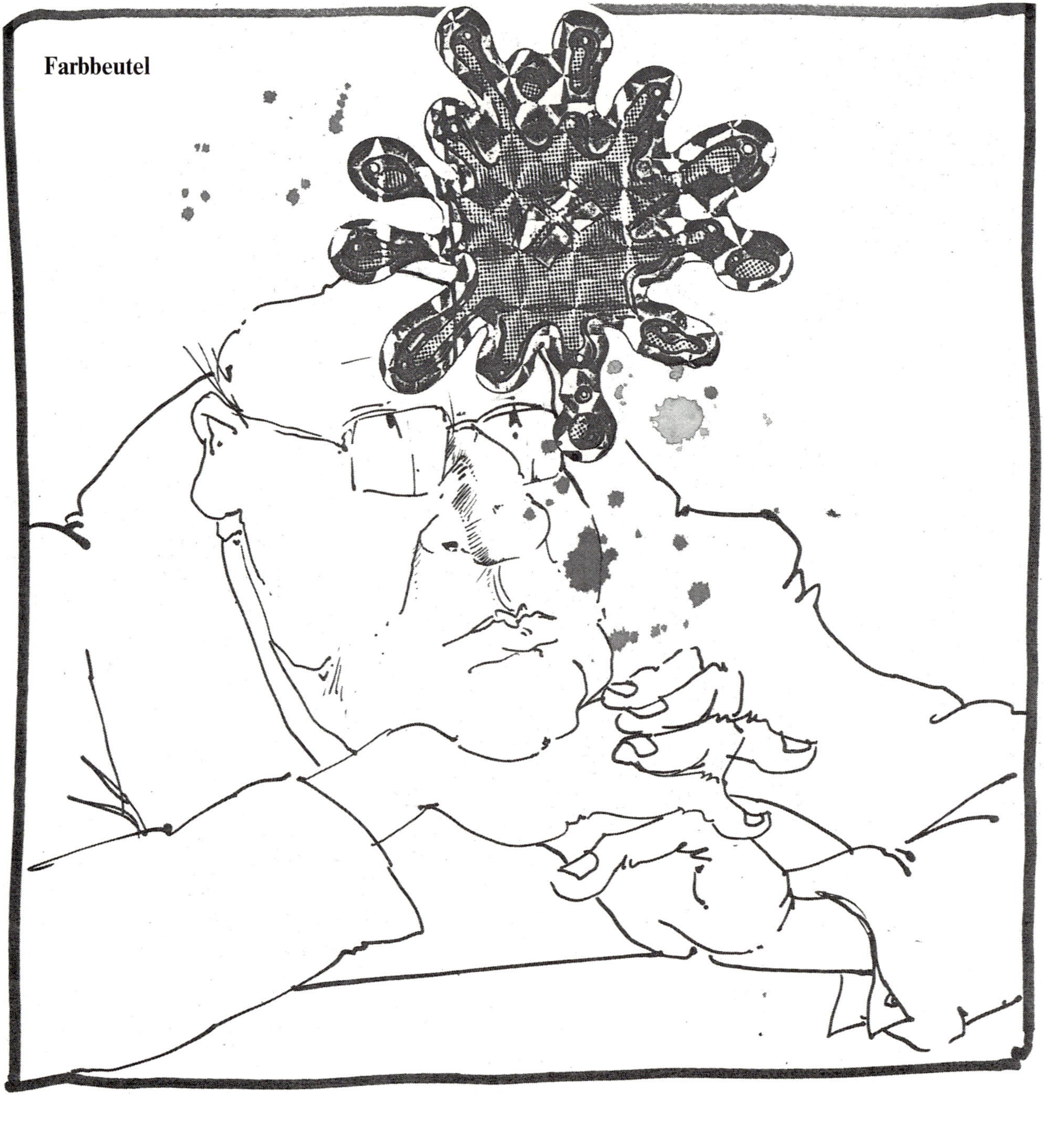

Farbbeutel

F

Farbbeutel

Studentisches Wurfgerät. Einst beinahe Volkssport, wird das Farbbeutelwerfen heute nur noch von sehr wenigen betrieben. C.G. Baum unterscheidet in seinem klassischen Werk „Der Farbbeutel in uns allen" (München, 1975) zwischen Widerstandskämpfern und gescheiterten Hammerwerfern: Widerstandskämpfer werfen aus Protest gegen die Vertreibung aus dem Kindergarten, gescheiterte Hammerwerfer, um endlich selbst einmal Weiten von über 3 m zu erzielen.

Feierabend

Heiligtum arbeitender Menschen. In seiner ganzen schrecklichen Bedeutsamkeit schonungslos realistisch dargestellt in „Die Stunde danach" („The hour after"), dem berühmten apokalyptischen Werk des Feierabend-Poeten Wolf Tresen. Tresen beschreibt in seinem schockierenden Roman die Folgen des uns alle bedrohenden temporalen Ernstfalls.

Die Handlung: Dank einer teuflischen Erfindung gelingt es einer östlichen Macht, eines Tages um 16.29 Uhr alle Uhren in deutschen Universitäten eine Minute lang anzuhalten. Anschließend springen die Zeiger sofort auf 16.31 Uhr. Wie ein Schlangenbiß schneidet der Gedanke, sechzig Sekunden zu lange gearbeitet zu haben, ins Fleisch der Beschäftigten. Eine Massenhysterie bricht aus. Überall ohnmächtiger Zorn, rasende Wut, höllische Verzweiflung: Sekretärinnen, die sich in ihrem Kaffee ertränken, BAföG-Beamte, die ihre Bleistifte erwürgen und an Erschöpfung sterben, Mensa-Frauen, die plündernd durch das Land ziehen und durch Blicke töten.

In der „Stunde danach" ist von Westdeutschland nur noch eine trümmerstarrende Schuttwüste übrig. Die Schlußszene: Nach einer pathetischen Klagerede über das frevlerische Sakrileg des Ostens gibt sich der letzte überlebende Deutsche, ein Wursthändler aus Garmisch-Partenkirchen, den Schierlingsbecher - eine Schale randvoll mit Mensasuppe . . .

Fernseher

Gegner, der stärker ist. Benötigt für die Dressur eines Studenten gewöhnlich zwei Tage:

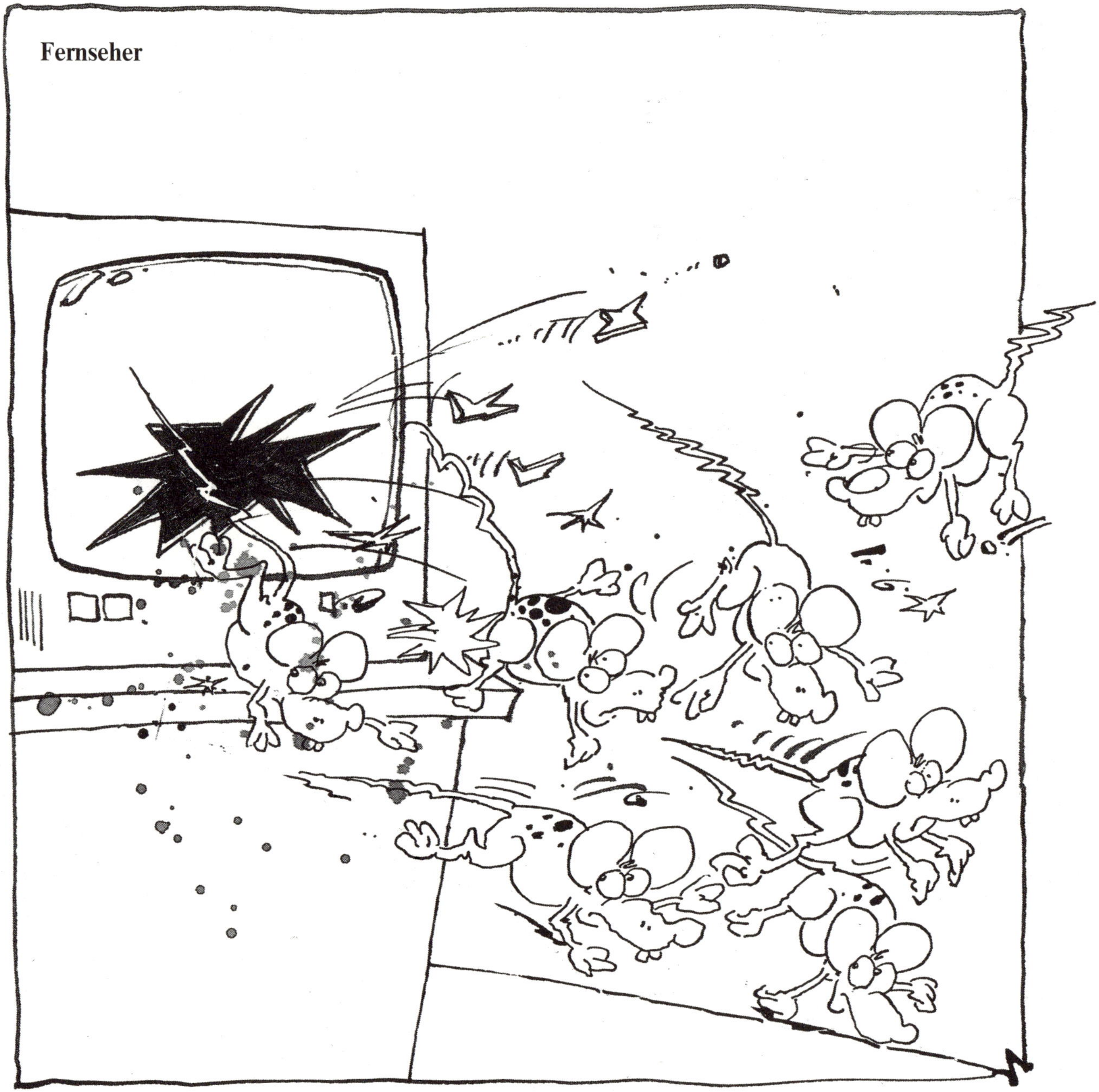
Fernseher

1. Tag

17.00 Uhr: Der Student postiert den neugekauften Fernseher in der hintersten Ecke seines Zimmers. Er beschließt, ihn grundsätzlich nur zu Bildungszwecken zu benutzen. Dann widmet er sich wieder seinen Studien.

17.07 Uhr: Durch Zufall entdeckt er beim Aufräumen unter dem Fernseher das Fernsehprogramm. „17.05 Uhr: Die Sendung mit der Maus." Sofort schaltet er ein. Er findet, daß Mäuse, Bienen und Enten schon in der Schule sein lehrreichstes Fach waren.

3.05 Uhr: Goethe hat seinerzeit Tage über das Wunder der Farben philosophiert. Trotzdem schaltet der Student aus. Zwei Stunden Testbild genügen.

2. Tag

10.34 Uhr: Dem Studenten wird klar, daß er sich am Vortag kindisch und dumm benommen hat. Angewidert versetzt er dem verachteten Flimmergerät einen Tritt. Ungeschickterweise gegen die Einschalttaste.

10.35 Uhr: Der Student erlaubt sich - ausnahmsweise - noch eine kleine Verschnaufpause bei „Sport-Extra". Er beschließt, sein Studium aber in spätestens zwei Jahren fortzusetzen.

Frauenreferat

Ort des Schreckens. Sollte nie von Männern betreten werden. Fälle wie der des Chemiestudenten Hajo S. sind typisch. Bericht Hajo S.: „Es war wie verhext. Stundenlang hatte ich versucht, den verflixten Knopf anzunähen - es wollte nicht gelingen! Dauernd stach ich mir in die Finger, einmal wickelte sich der Faden gar um meinen Hals und ich wäre fast erstickt. Eine Frau mußte her! Ich nahm Hose und Knopf und sauste zur Uni. Hinter einer Tür mit der Beschriftung ‚Frauenreferat' hoffte ich, Hilfe zu finden. Ich trat ein."
Seither trägt Hajo S. nur noch Röcke. Auch sonst vermeidet er jeden Hinweis auf sein Geschlecht. Seine Devise: ‚Nur nicht provozieren!' Auf das Wort „Mann" reagiert er mit angriffslustigem Gebell, auf das Wort „Sitz!" mit Männchen.

Fremdwort

Lustobjekt für Professoren. Schon 1975 gelang Klitter der sensationelle Nachweis, daß im Mittelpunkt des Sexuallebens vieler Wissenschaftler das Aussprechen von Fremdwörtern steht.

In seinem schockierenden Sex-Experiment konfrontierte er 100 Sozialwissenschaftler und 100 Bäckermeister (die Kontrollgruppe) mit zwei verschiedenen Stimulanzien:
Zunächst zeigte er ihnen eine Serie schwedischer Pornofilme. Resultat: Während die Bäckermeister durchweg röchelnd zu Boden fielen, weil ihnen die Luft wegblieb, gaben sich die Professoren insgesamt eher gelangweilt. Einige monierten das fehlende revolutionäre Bewußtsein der Hauptfiguren, andere die kryptofaschistischen Tendenzen des Schlafzimmermobiliars.
Anderntags legte Klitter den verbliebenen Versuchspersonen – vierzig Bäckermeister mußten am Vorabend nach dem erfolglosen Versuch, eine streitbare Putzfrau zu vernaschen, ins Krankenhaus geliefert werden – Texte zum Vorlesen vor: Betrachtungen über die kulturelle Identität der Heinzelmännchen mit 70% Fremdwort-Anteil. Resultat: Während auch der robusteste Bäckermeister nach siebzehn Minuten eingeschlafen war, deklamierten die Professoren die Texte wollüstig stöhnend immer und immer wieder. Erst als Klitter gegen Mitternacht Pistolenschüsse auf sie abfeuerte, erwachten sie aus ihrer Ekstase.
Klitters Schlußfolgerung: „Die inkommensurable Präferenz der Ordinarien für akkumulierte Latinismen manifestiert eine phylogenetisch exzeptionelle Neukanalisation archaischer Triebpotentiale.“

G

Gastredner

Sandmännchen. Mitunter erscheint der Professor in Begleitung eines weithergereisten Kollegen, der in radebrechendem Deutsch oder rasendem Englisch über die Forschung in seinem Land berichtet. Fünf Minuten später ist der Hörsaal ein Schlafsaal. Nur in den ersten Reihen halten sich einige wohlwollende Studenten mit Rippenstößen wach und machen sich von Zeit zu Zeit Notizen. Etwa des Inhalts „Klappe zu da vorne, es zieht!“ oder „Blies im Märzen gut der Wind – lacht der Bauer wie ein Rind.“

Fremdwort

Geld

Geld

Wertvoller Rohstoff. Wächst vor allem in den ruhigen, milden Breiten der Heimat (Studentenklima zu windig!). Auf Rückfahrten in die Uni-Städte transportiert. Weiterverarbeitung vor allem zu Kino-Karten, Bierkästen oder neuen Blusen.

Genies

Manche Studenten sind wahre Titanen. Ihre überlegene Intelligenz macht sie zu Adlern unter Hühnern, zu Schwänen unter Enten, zu Springmäusen unter Flöhen. Schon ihre Sprache ist so vergeistigt, daß ihnen gewöhnliche Studenten nicht mehr folgen können. Übersetzungen tun not:
Genieerguß (G): „Total easy. Natürlich hätte ich auch 'ne Eins schreiben können, aber - es war mir einfach zu blöd." Heißt im Klartext (HiK): „Ich habe gespickt wie ein Wilder! Umsonst. Hinten, vorne, rechts, links - alles Idioten! Es gibt ja nur Idioten!"
G: „Die Klausur hat mich nicht eben vom Hocker gerissen." HiK: „Ich bin schon fünfmal durchgefallen. Die Fragen sind in jedem Jahr dieselben. Und die Antworten wußte ich ja schon beim ersten Mal nicht."
G: „Ich habe mich höchstens ein Stündchen vorbereitet." HiK: „Gestern wurde ich aus der Klinik entlassen. Diagnose: Unterernährung. Wenigstens zweimal im Monat hätte ich mein Lernen unterbrechen sollen, um etwas zu essen, meinten die Ärzte."
G: „Der Test war so leicht, daß ihn sogar mein Großvater bestanden hätte." HiK: „Opa ist Proff in Harvard und hat sieben Bücher über dieses Thema geschrieben."

Germanistisches Institut

Uni-Frauenhaus.
Weil die überwältigende Mehrheit der Germanistikstudenten weiblich ist, rangieren Germanistikhörsäle seit Jahren an der Spitze der Uni-Unfallstatistiken: Immer wieder nämlich verirren sich Studenten technischer Fächer, die noch nie im Leben eine Frau im Hörsaal gesehen haben, in Germanistikvorlesungen. Prof. Dr. Friesen von der Uni-Klinik Gießen: „Die Folgen sind oft fürchterlich. Krankhafte Augenerweiterung, unkontrollierbares Fingerzucken und chronischer Herzstillstand sind nur die harmlosesten Fälle, die wir behandeln."

Gerüche

Nebenprodukt der Mensa. Folgende Szene ist typisch: „He, was stinkt denn hier so?“ ruft der Erstsemester beim Einreihen in die Schlange vor der Essensausgabe empört. „Sind das die Abfälle?“ „Nein, die Vorräte“, unterrichtet der mensaerfahrene Begleiter.

Grundstudium

Erster Studienabschnitt. Häufig aufregendste Lebensphase. Im Gegensatz zum Hauptstudium, das oft ganz im Zeichen der Examina steht, dient das Grundstudium vielen Studenten als Zeit der Persönlichkeitsbildung. Man experimentiert mit verschiedenen Lebensformen (Faulenzen, Feiern, Herumtreiben), probt fremde Religionen (Buddhismus, Kommunismus, Tourismus), erlebt stürmische Liebesaffären (ausgeflippte Klamotten, erster eigener Fernseher, Katze von nebenan) und studiert, sofern man studiert, interdisziplinär (meist 5-10 olympische Disziplinen).

Gruppenarbeit

Arbeitsform, der nachgesagt wird, daß sie zu vielen Arbeitstreffen, Konzeptpapieren, Zwischenberichten, Diskussionsrunden, Absichtserklärungen, Gruppensitzungen, Teilentwürfen, Lagedebatten, doch nicht zu Ergebnissen führt. Ein altes, unsinniges Vorurteil. Schon in den siebziger Jahren konnten O'Connor/Casey („The seven problems of human race“) eindeutig nachweisen, daß Gruppen, solange sie nicht mehr als eine Person umfassen, genauso effektiv arbeiten wie Einzelpersonen.

H

Heimweh

Geschafft! Erschöpft schleudert der Student seine Tasche in den Papierkorb. Wieder ein Uni-Tag vorüber! Sieben Stunden auf dem Tennisplatz machen hungrig. Müde schleppt er sich zum Kühlschrank. Dort erwartet ihn nur etwas Eis (im Gefrierfach). In diesem Moment erinnert er sich, daß er bereits seit sieben Wochen nicht mehr zu Hause war. Und plötzlich, mit einem Mal, besitzt sein freudloses Leben, sein vertändeltes, trostloses Dasein wieder ein Ziel. Schon am andern Tag fährt er mit vier leeren Koffern nach Hause.

Gruppenarbeit

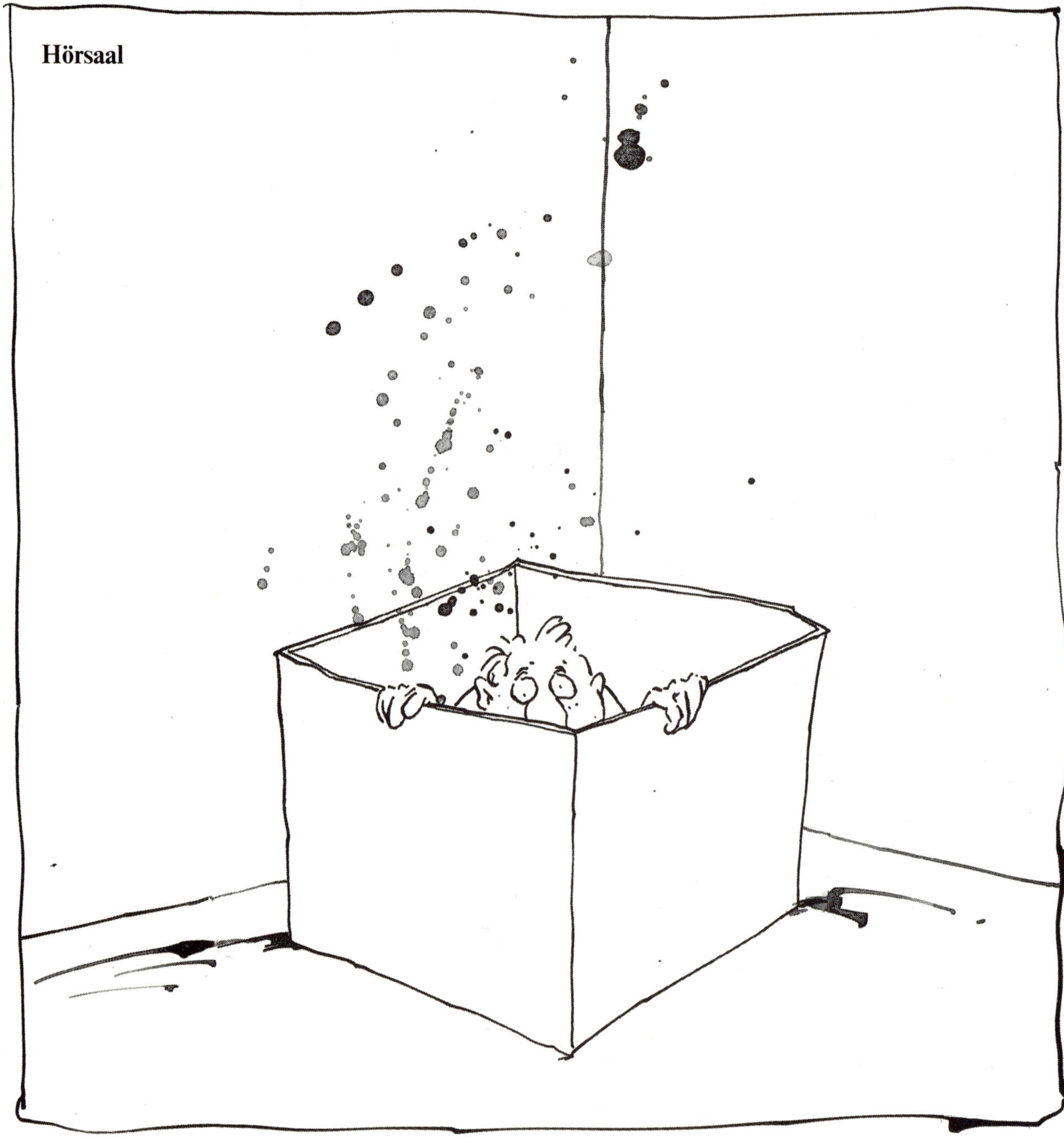

Hörsaal

Hilfswissenschaftler

(Abkz.: Hiwi, studentisch: Hilfswilli) Vornehme Bezeichnung für Knecht. Hiwis stellen die unterste Stufe des wissenschaftlichen Personalkörpers dar. Meist werden sie mit so verantwortungsvollen Aufgaben wie Bücher kopieren, Kaffee kochen oder Mund halten betraut.

Hirn

Wichtigstes Körperteil des Studenten. Aus Gründen der Praktikabilität meist außerhalb getragen.
Moderne Studentenhirne sind bis zu 2 m lang und 130 kg schwer und häufig auf bestimmte Problemlösungen spezialisiert. Erfahrene Studenten halten sich deshalb mehrere, auf die sie je nach Klausurthema zurückgreifen (s. auch: Nebenmann).

Höchstumfang

Vornehme Umschreibung für Mindestumfang (meist im Zusammenhang mit Seminar- und Examensarbeiten). Der typische Student ist ein Idealist. Wie sonst in seinem von edlen Taten und aufopferungsvoller Solidarität getragenem Leben denkt er auch beim Schreiben der Examensarbeit zunächst einmal an andere. Etwa wie folgt: Der Proff sagte 150 Seiten, die anderen denken, ich schreibe 200 und schreiben daher 250, deshalb schreibe ich 300!
Der typische Korrektor ist ein Idiot. Natürlich weiß er selbst, daß eine Examensarbeit von 150 Seiten nie soviel behandeln kann wie eine von 300. Doch bei solchen Fleißunterschieden kann er natürlich nicht diesselbe Note geben . . .
Der jüngste Vorschlag eines Wirtschaftsexperten, das jährliche Wachstum des Bruttosozialprodukts an das jährliche Wachstum des Umfangs von Examensarbeiten zu koppeln, wies die Bundesregierung übrigens als „maßlos und völlig unrealistisch“ zurück.

Hörsaal

Ort, für dessen Betreten bestimmte Regeln gelten:
1. Setze dich nie vor die anderen.
2. Setze dich immer hinter die anderen.
Studenten, die diese Regeln mißachten, erwartet die soziale Ächtung (siehe Streber und erste Reihe). Unerfahrene Studenten, insbesondere Erstsemester, sollten Hörsäle deshalb nur unter Anleitung höherer Semester betreten.

I

Interesse

Etwas, das jeder Professor von seinen Studenten erwartet. Ehrgeizige Kommilitonen machen deshalb in allen Veranstaltungen durch Zwischenfragen auf sich aufmerksam. Doch Vorsicht, nicht alle Fragen hinterlassen den gewünschten positiven Eindruck! Nie sollte der Student z.B. in einer Vorlesung fragen:
„Darf ich mal zur Toilette, Herr Professor?"
„Stört es Sie, wenn ich rauche?"
„Warum haben Sie eigentlich so große Ohren?"
„Wissen Sie, daß Sie mich schon die ganze Zeit an Otto Waalkes erinnern?"

J

Jahresabonnement

Erster Schritt zum Wahn. Prof. Tieden vom „Institut für psychoanalytische Vergleiche zwischen Studenten, Feldhühnern und Rhesusäffchen": „Aus langjähriger Erfahrung wissen wir, daß drei Dinge binnen weniger Wochen den völligen seelischen Verfall eines Studenten bewirken können: ein Fernseher, eine Vermieterin und ein Jahresabonnement" (s. Fernseher, s. Vermieterin).
In ihrer Aufklärungsschrift „Erkenne dich selbst" (S. 11) geben Tieden und seine Mitarbeiter ein eindrucksvolles Beispiel für die zerstörerische Wirkung von Jahresabonnements:
„Manfred L., in einer sparsamen, aufstrebenden Angestelltenfamilie aufgewachsen, abonnierte gleich nach seiner Immatrikulation an der Medizinischen Fakultät der Uni M. für 516 DM die Fachzeitschriften ‚Der moderne Arzt', ‚Cholesterinspiegel heute', ‚Die Welt des Stethoskops', ‚Der Magen-Darm-Katarrh' und das Underground-Blatt

Interesse

‚Mehr Moneten durch Mehrfach-Abrechnung', um ‚immer informiert zu sein'. Als er jedoch wenige Tage später die ersten Exemplare in Händen hielt, machte er die für einen Studenten typische Beobachtung, daß sie ihn kein bißchen interessierten (‚Allein fürs Vorwort des ‚Cholesterinspiegels' benötigte ich zwei Stunden. Es war zäh wie eine Schuhsohle.'). Hastig versuchte er, die Abonnements zu widerrufen. Vergeblich . . .
Drei Monate später war Manfred L. ein Fall für die Nervenklinik. Der unlösbare Konflikt, einerseits zu glauben, die Zeitschriften lesen zu müssen, andererseits sie nicht lesen zu wollen, hatte ihn, den Sohn eines sparsamen, pflichtbewußten Buchhalters, zermürbt. Die Polizei ergriff ihn, als er stundenlang splitternackt in konzentrischen Kreisen vor der Redaktion des ‚Magen-Darm-Katarrhs' umherhüpfte, um die Einstellung des Blattes zu erzwingen."

---

jobben

Anschaffen. Das Jobben ist so alt wie das Studieren selbst. Schon vor Jahrhunderten finanzierten sich viele Studenten ihr Studium durch Nebentätigkeit als Scharfrichter, Drachentöter oder Hexenmeister. Heute ist die Palette der Studentenjobs unüberschaubar groß: Keksfabrikant, Entenzüchter, Skatprofi, Löwendompteur oder Schwiegersohn sind nur die geläufigsten Beispiele.

Jungpolitiker

Student, der entweder Bundeskanzler oder Weltrevolutionär werden möchte. Meist am Hintern erkrankt, kann vor lauter Engagement nicht richtig sitzen. Muß deshalb dauernd Flugblätter verteilen, Protestmärsche anführen oder vor Mikrophone treten.

Jurastudent

Der etwas andere Student. Schlüsselfigur für die Modebranche: Hauptabnehmer der „eleganten Serien", einer Reihe von Hochpreis-Kreationen für Diplomatengattinnen und Bundespräsidenten.

jobben (Schwiegersohn)

Kaffee

K

Kaffee

Gefährliches Getränk, dessen Wirkung auf Studenten von Prof. Dr. Pilsner vom Münchner Teeinstitut (MTI) erforscht wurde. Im aufsehenerregenden Pilsner-Experiment bereitete sich die Kontrollgruppe (40 Münchner Jurastudenten) einen Monat lang ohne einen Tropfen Kaffee auf das 1. Staatsexamen vor, derweil die entsprechende Versuchsgruppe im MTI saß und Kaffee trank. Das Ergebnis war erschütternd: Während die Kontrollstudenten das Examen durchweg mit gutem Erfolg absolvierten, konnten die Versuchsstudenten kaum eine Prüfungsaufgabe lösen. Einige verpaßten sogar den Prüfungstermin, weil sie - in dem Glauben, es handele sich um eine Kaffeebohne - einen afrikanischen Gastprofessor verfolgten.

Klaue

Berüchtigte Nahkampfwaffe. Opfer sind vor allem Klausurkorrektoren.
Dr. von Crauen, einst hoffnungsvoller Habilitant, heute Dauergast in einer psychiatrischen Klinik, schildert die teuflische Wirkung der Klaue so: „Die Klaue, die dämonischste aller Studentenerfindungen, vernichtet durch völlige Unleserlichkeit. Auch mich hat sie auf diese Weise ausgelöscht. Bei meiner ersten Korrektur habe ich zehn Klausuren glatt in den Papierkorb geworfen. Ich hielt sie für Malversuche unserer Kleinsten. Diese verdammte Unordnung immer bei uns! Die Sache ging bis zum Kultusministerium.
Danach wurde ich vorsichtig. Wenn ich korrigierte, dann grundsätzlich alles, was auf dem Tisch lag. So habe ich jahrelang die Strickmuster meiner Frau mitkorrigiert - mein Gott, es waren die saubersten Texte von allen, wer konnte ahnen . . .! Niemand hätte . . . niemand! Eines Tages flog die Sache auf und ich war der Hanswurst der Uni. Noch heute lachen sie über mich. Alle lachen über mich. Alle! Alle! Alle!“

Klausur

Schriftliche Prüfung. Hat gegenüber ihrem Vorläufer, der Guillotine, den Vorteil, daß sie keine Blutspuren hinterläßt.

Klausurnacht

Nacht vor der Klausur. Teilt sich meist in zwei völlig unterschiedliche Hälften: 0.30 Uhr–8.44 Uhr: Der Student wünscht sich nur eines: Schlaf. Er zählt Schafe, Enten, Kühe, Hühner, Zwergantilopen und 248 andere liebe Vertreter der großen Tierfamilie, suggeriert sich, er sei ein Murmeltier und greift schließlich - um 8.44 Uhr - zu diesem Buch. 8.45 Uhr–9.00 Uhr: Geschafft! Der Student schläft wie ein Engel in Gottes Hand. Erst nach zehn Minuten hört er den Wecker.

Kopfarbeit

Die Zeiten, zu denen an Unis nur Kopfarbeit verrichtet wurde, sind längst vorbei. Professoren arbeiten heute genauso mit der Hand wie Fabrikarbeiter auch: Schwieriges erledigen sie mit der rechten (Assistent), Einfaches mit der Linken (Sekretärin) und Unangenehmes mit Handschuhen (Hiwis).

Kopierer

Modernes Arbeitsgerät. An den Hochschulen auf zahlreiche psychologische Gutachten hin eingeführt. Dient der Gemeinschaftsbildung. Katja, Germanistikstudentin aus Göttingen, meint stellvertretend für viele: „Kopierer sind echt klasse! Jeden Freitag treffen wir uns vor denen im zweiten Stock und kopieren, was irgendein Spinner die Woche über mitgeschrieben hat. Die übrige Zeit haben wir dann ganz für uns. An schönen Frühlingstagen machen wir Schiffsfahrten oder Radtouren, an Regentagen spielen wir Karten oder hören Musik und an Prüfungstagen gehen wir zusammen baden."

Krawatte

Ende der sechziger Jahre wurden die Universitäten zur krawattenfreien Zone erklärt. Noch heute ist der Schlips für viele Studenten das Symbol des Bösen schlechthin: Zeichen des Karrierismus, der Profitgier, des skrupellosen Strebens nach Macht. Doch mittlerweile mehren sich die Stimmen, die eine entideologisierte Diskussion der Krawatte fordern. Eine von der Deutschen Forschungsgemeinschaft eingesetzte Kommission „Schlips 2000 - Chancen und Perspektiven der Halsbinde" mußte ihre Suche nach sinnvollen Nutzungsmöglichkeiten jedoch einstellen. Sie fand keine.

Kumpel

Einziger Mensch. Der Alltag nötigt dem Studenten viele unnütze Gespräche über naturwissenschaftliche Phänomene, mathematische

Klausurnacht

Künste

Formeln oder politische Themen ab. Ganz natürlich erwächst ihm das Bedürfnis, auch einmal über die wichtigen Dinge des Lebens zu diskutieren wie Fußball, Tennis oder den aktuellen Bierpreis. Dazu benötigt er einen Kumpel.

Künste

Unis sind traditionelle Hochburgen der Poesie. Schon so mancher spätere Nobelpreisträger hat hier als Autor von Mensa-Speiseplänen seine ersten literarischen Erfahrungen gesammelt. Felice Krull vom Deutschen Studentenwerk (Abteilung Schaumschlägerei) über die als ungewöhnlich hart geltenden Mensa-Auswahlgespräche: „Bewerber, denen beim Anblick einer Schuhsohle oder eines Steins nicht gleich Begriffe wie ‚Putenkeule Esterhazy' oder ‚Rinderkotelett Robert in feuriger Soße' in den Sinn kommen, sollten besser gleich zu Hause bleiben!"

L

Laberer

Nervensäge, die nie stumpf wird. Vor allem in geisteswissenschaftlichen Seminaren auftretend. Wegen ihrer ungewöhnlichen Fähigkeiten - Laberer können bis zu 37 Stunden am Stück über ein Thema sprechen, sofern sie nichts davon verstehen - schon früh Gegenstand wissenschaftlicher Forschung. Lange Zeit dominierte die psychoanalytische Entwöhnungs-Theorie von Tannenbaum, die Laberei als Folge zu früher Entwöhnung von Muttermilch interpretiert. Die unentwegten Lippenbewegungen des Laberers seien nachträgliche Kompensation des entgangenen Saugens. Tannenbaum verwarf sie jedoch wieder, als er von seiner eigenen Entwöhnung erfuhr.
Heute überwiegen eher pragmatische Ansätze. Feininger (1985) z.B. behauptet, jeder Laberer habe eine Schallplatte verschluckt, Mircwicz (Vogel-Theorie, 1983), jeder Laberer hätte eine Meise.

Lange Nacht

Nacht vor Ablauf der Abgabefrist (siehe Seminararbeit). Typisches Bild: Der Student zwischen tausend Büchern, gleichzeitig lesend, schreibend und diktierend, daneben sein bester Freund zwischen tausend Blättern, tippend, vor ihnen schwarzer Kaffee zwischen tausend Kippen, schwindend.

Langhaarige

Großstadt-Indianer. Langhaarige bevölkerten einst zu Tausenden die weiten und fruchtbaren Ebenen der Universitäten. Sie lebten in Frieden mit den Vögeln des Himmels und den Tieren im Walde, liebten einander und nahmen von Mutter Erde und Vater Herbert immer nur soviel sie gerade brauchten. Doch dann, eines Tages, kam geradewegs aus den vornehmsten Frisiersalons der Stadt der kurzhaarige Student und brachte Unheil und Verderben. Er war besser angepaßt und ruhte nicht eher, bis er ihnen alles genommen hatte: ihre Zimmer, ihre Frauen, ihre Berufschancen. In ihrer Verzweiflung fanden sie eine letzte Zuflucht: besetzte Häuser und alternative WGs. Dort leben sie noch heute und werden nicht müde, gegen die Welt des kurzhaarigen Mannes zu demonstrieren.

Latinum

Unseligste Erfindung seit Konstruktion der Daumenschraube. Noch immer können viele Fächer nur mit großem oder kleinem Latinum studiert werden - ein letzter Versuch, fortschrittliche Geister von der Universität fernzuhalten.

Die Diskussion über Sinn und Unsinn dieser Regelung ist alt. Schon im Mai 1958 gab die Westdeutsche Rektorenkonferenz dem bekannten Tübinger Bildungsexperten Prof. Ingermatt den Auftrag, alle Argumente, die gegen ein nachweispflichtiges Latinum sprechen, aufzulisten. Prof. Ingermatt schreibt noch heute. Ein 50 000 Seiten umfassender Zwischenbericht soll jedoch bald vorliegen.

Letzte Reihe

Treffpunkt für Skatbrüder. In größeren Hörsälen übernimmt die letzte Reihe oft die Funktion eines Jugendzentrums: Man trifft sich, plaudert miteinander, scherzt, hört Musik und spielt Tischtennis.

Liebe

Die meisten Erstsemester beginnen ihr Studium mit dem Vorsatz, sich von nun an für nichts anderes mehr zu interessieren. An diesem Prinzip halten sie auch eisern fest. Manchmal bis zu drei Tagen. Dann begegnen sie auf dem Weg zur Einführungsveranstaltung ihrer(m) ersten Kommilitonin (Kommilitonen) und stellen fest, daß es noch anderes im Leben gibt, als dauernd zu arbeiten.

Latinum

Mensa

M

Massenuniversität

Universität unserer Tage. Zeichnet sich dadurch aus, daß einer Handvoll Lehrender eine Stadt voll Studierender gegenübersteht. Wie erschreckend das Zahlenverhältnis ist, beweist die Karriere des „Professorenfängers von München“, des Jurastudenten Ulrich Feilzer: Ulrich machte schon im 1. Semester Schlagzeilen, als es ihm gelang, sich einem Professor bis auf wenige Meter zu nähern. Als er einen Monat später den bisherigen Rekord des Examenskandidaten Klaus Klunker (Annäherung bis auf 97 cm) um drei Zentimeter unterbot, war er bereits ein Star. Die Studentenwelt horchte auf, die Fachpresse berichtete in reißenden Lettern („Ulrich: ‚Ich konnte beinahe seinen Atem spüren‘“, „‚Er trug eine blaue Krawatte mit weißen Punkten‘“). Im Sommer letzten Jahres sprengte Filzner dann alle Maßstäbe. Nach monatelangem beinharten Training an wissenschaftlichen Mitarbeitern gelang es ihm, vor 1000 staunenden Kommilitonen, den Hemdszipfel eines Professors zu berühren . . .!
Seither lebt Ulrich in Monaco. Allein die Verfilmung seines Bestsellers „Ein Zipfel wie jeder andere“ brachte ihm Millionen.

Medizinstudent

Student, über den man spricht. Vorzugsweise dann, wenn Sohn oder Tochter ins heiratsfähige Alter kommen. In der Tat sind die Heiratschancen von Medizinstudenten – vor allem in ländlichen Regionen – nach wie vor phänomenal. Andere Studenten hassen sie dafür.

Mensa

Uni-Restaurant, in dem die Vorspeise wie die Hauptspeise, die Hauptspeise wie die Nachspeise und die Nachspeise wie gepfeffertes Katzenfleisch mit Schmalzbrühe und Spinnenbeinen schmeckt.

Mensur

Stichprobe für Traditionalisten. Manche Studenten leiden an der Ungefährlichkeit des heutigen Lebens: keine Soldaten mehr, die plündernd durch das Land ziehen, keine Räuber mehr, die im Wald lauern, keine Drachen mehr, die Städte bedrohen, nur dann und wann ein Auto, das einen überfährt, oder ein Flugzeug, das einem auf den Kopf fällt. K.O. aus Berlin: „Ich würde verrückt, wenn ich nicht

Mittagspause

von Zeit zu Zeit ernstlich um mein Leben fürchten müßte. Mensuren sind der Lebenssaft meiner Gesundheit!“

MFG

Abkürzung für Mitfahrgelegenheit (seltener für Mitfluggelegenheit). MFGs sind in der Regel zwar die billigste Verbindung zwischen Uni und Heimatort, aber auch die strapaziöseste. Auf einen normalen studentischen Kleinwagen (31 PS, 105 km/h Spitze) kommen durchschnittlich 4 Studenten, 5 Mäntel und 17 Koffer. Deshalb sollte jeder Student vor seiner ersten Mitfahrt unbedingt den MFG-Test der deutschen Krankenkassen absolvieren (Zitat aus der Broschüre „Gesundes Mitfahren“):

„1. Öffnen Sie eine Dose mit Heringsfilets.
2. Schieben Sie den Hering an den rechten Rand, so daß ein kleiner Freiraum entsteht.
3. Legen Sie sich neben den Hering.

Fühlen Sie sich in der Dose wohl? Dann haben Sie gute Chancen, auch eine MFG ohne größere gesundheitliche Schäden zu überstehen. Fühlen Sie sich nicht wohl? Vermeiden Sie unter allen Umständen den Kontakt mit Autobesitzern (Sicherheitsabstand: sechs Meter!).“

Mittagspause

Vorsicht! Kein Student sollte um 12.00 Uhr, 15 Sekunden MEZ achtlos am Ausgang einer Universitätsverwaltung vorbeigehen. Es könnten seine letzten Schritte gewesen sein . . .

Die Rechnung ist einfach: Punkt 12.00 Uhr MEZ beginnt in der Verwaltung die Mittagspause; erfahrungsgemäß legen Beamte die Strekke Büro-Ausgang in 13–17 Sekunden zurück. Haben sie aber erst den Ausgang erreicht, so hält sie nichts mehr. Ein Beamter: „Wenn ich Mittag höre, erkenne ich nicht einmal mehr meine Frau. Leider höre ich es nie in ihrer Gegenwart.“

Jährlich finden etwa 2000 Studenten unter den Schuhsohlen deutscher Uni-Beamter den Tod.

Motivation

Typische Krankheit von Erstsemestern (siehe dort). Meist harmlose Entwicklungsstörung. Motivierte Erstsemester unterscheiden sich deutlich von gesunden: Sie wissen, wo die Bibliothek ist, verschlafen nicht, haben Bücher von innen gesehen und denken an die Zukunft statt ans Wochenende. Meist rasche Überwindung der Krankheit

	durch natürliche Abwehrkräfte. In schweren Fällen zweimonatige Behandlung mit aktuellen Arbeitsmarktprognosen!
Multiple-choice-Klausur	Studentenlotterie. Meist am Ende des Semesters veranstaltet. Hauptpreis: Reise in die Semesterferien für eine Person. Trostpreis: Berechtigung zur erneuten Teilnahme.
Mutter	Dienstleistungszentrum. Wäscht, kauft ein, flickt, backt, bügelt, strickt – alles für einen Apfel und ein Ei. Wobei gute Mütter den Apfel geschält und entkernt zurückgeben und das Ei zum Frühstück servieren.
Mut zur Lücke	Schlagwort für die Fähigkeit eines Studenten, trotz nicht ganz hundertprozentiger Vorbereitung mit gutem Gewissen in eine Klausur zu gehen. Nicht zu verwechseln mit „Mut zur Tücke“: Schlagwort für die Fähigkeit eines Studenten, trotz nicht ganz hundertprozentiger Raumverhältnisse mit gutem Spickzettel eine Klausur zu bestehen.

N

Nachklausur	Treff der Armen Seelen.
Nebenmann	Sitznachbar bei Klausuren. Wichtigste Person im Leben eines Studenten. Gute Nebenmänner schreiben laut und deutlich, lassen sich benutzen wie eine Staatsbibliothek und führen in Notfällen sogar die Hand des Nachbarn.
Nickelbrille	Früher Statussymbol des Studenten.
Note	Gütebegriff mit der Aussagekraft eines verwischten Fußabdrucks (siehe Notenproblem, Benotung).

Pfeife

Pfeife

Kleidungsstück für nachdenkliche Individualisten. Auch: Ehrentitel für einen Studenten, der bewiesen hat, daß Esel sprechen können.

Pflichtgefühl

Studenten ertragen es nicht, untätig in ihrem Zimmer zu sitzen, während die Menschen unten auf der Straße von Beschäftigung zu Beschäftigung eilen. Deshalb beziehen sie grundsätzlich nur Zimmer mit Blick zum Garten.

Praktikant

Betriebstrottel. Meist mit der Aufgabe betraut, sich von einer Ecke, in der er stört, in eine andere Ecke zu bewegen, in der er auch stört.

Praktikum

Für viele Studenten erster Kontakt mit der Praxis. Erfrischend wie eine Fahrt nach Sibirien. Führt oft zu dem flammenden Schwur, von nun an - koste es, was es wolle - ganz anders zu studieren. Langsamer!

Professor

Studentisch: Proff. Studentischer Gott. In religiöser Hinsicht sind die Studenten ein Primitivvolk: Die Deutschen kennen rund 20 000 verschiedene Götter. Es dominieren Götter des Schreckens: stets akkurat gekleidete freundliche ältere Herren, die sich in Nächten vor Prüfungen in boshafte Chimären mit Wolfsgesicht und Rattenschwanz verwandeln und hämisch „Durchgefallen! Durchgefallen!“ rufen. Daneben existieren jedoch auch gute Götter: stets akkurat gekleidete freundliche ältere Herren, die an anderen Universitäten lehren.

Promotion

Früher Mittel zur Verbesserung der Berufschancen. Heute Mittel zur Verbesserung der Heiratschancen. Der entscheidende Nachweis, daß Promovierte trotz der eingeschränkten Beschäftigungsperspektiven für Hochqualifizierte eine überragende Rolle auf dem Heiratsmarkt spielen, gelang Oslowski in seinem vielbeachteten Schwiegermütter-Experiment (1987):

Oslowski legte 100 potentiellen Schwiegermüttern eine Folge von zehn Paßbildern mit Namensangabe vor. Die ersten neun gehörten international gefragten, aber nicht promovierten Dressmen, das zehnte zeigte einen alten Schimpansen. Oslowski stellte ihn als Dr. Schulze vor. Der Auftrag an die Probanden lautete: „Bestimmen

Mut zur Lücke
DUNKELKAMMER

Oben ohne

Notenproblem

Die mangelnde Vergleichbarkeit der Noten. Wird z.B. eine Seminararbeit mit „gut“ bewertet, bedeutet dies je nach Fachrichtung und Dozent völlig Unterschiedliches:
„Das Beste, was ich je gelesen habe. Doch nichts ist vollkommen. Deshalb keine Eins!“
„Die erste Zwei seit zwanzig Jahren. Tut mir leid, aber benutzen Sie Ihren Kopf denn nur zum Nüsseknacken? Ich habe Ihre Adresse jedenfalls gleich dem Zoo übermittelt.“
„Ach, forget it. Ich habe den Käse nicht einmal gelesen. Ich habe noch nie eine Seminararbeit gelesen. Mein Gott, es gibt wirklich Besseres . . .! Also: Sie bekommen eine Zwei und lassen mich dafür in Ruhe. In Ordnung?“
„Ha, eine Vier kriegst du, Bürschchen, damit du's weißt! Von wegen mit meiner Tochter flirten und mich einen verkalkten Elch nennen! Und glaub bloß nicht, ich würde mich wieder im Namen vertun! Diesmal stimmt alles.“

Notlösung

Ursprünglich Bezeichnung für eine vorübergehende Unterkunft. Im Zeitalter der Massenuniversität Oberbegriff zu „Studentenzimmer“ (siehe dort). Während „Studentenzimmer“ nur solche Behausungen meint, die für menschliche Wesen gedacht sind, umfaßt der Begriff „Notlösung“ alle studentischen Unterkünfte. Also auch Garagen, ausrangierte Schweineställe, Fallgruben, Baumkronen und Brotkörbe.

O

Oben ohne

Salopp für hirnlos. An Unis sehr beliebt.

Oberprimaner

Mensch, der das Leben noch vor sich hat. Sollte besser umkehren.

Oma

Schlüsselfigur im Leben eines Studenten. Übernimmt je nach Enkelzahl verschiedene Funktionen. Zwei Grundkonstellationen sind zu unterscheiden:

a) Konstellation X: Oma hat 1–4 Enkel: Sie übernimmt eine Sponsor-Funktion. Je nach Höhe der Rücklagen finanziert sie dem Studenten ein Federhalter-Etui, ein einjähriges Auslandsstudium oder einen zwölfköpfigen Mitarbeiterstab.
b) Konstellation Y: Oma hat 7–32 Enkel: Sie übernimmt eine Motivationsfunktion. Nur ein Enkel findet noch ihre Beachtung: der, der am schnellsten auf die Promotion zustrebt.

Konstellation Y setzt die betroffenen Studenten nicht selten einem mörderischen Konkurrenzkampf aus. Aufsehen erregte der Fall der beiden rivalisierenden Vettern Peter und Paul (Mathematik, Mainz). Peter sandte in den Klausurwochen regelmäßig bis zu dreißig Briefe in Pauls Namen an wichtige Dozenten, die er abwechselnd als „fetten Frosch“, als „brünstige Bergziege“ oder als „kalbenden Kakadu“ titulierte.

Paul arbeitete währenddessen mit Sabotageakten: Täglich ölte er Peters Fahrrad mit Rheinwasser, verbleite sein Türschloß mit Stadtluft oder briet seiner jähzornigen Vermieterin frische Fische aus dem Main. Erst als ihre Cousine Christa auf Anhieb die Diplomprüfung bestand, vereinten sie sich wieder. Gegen Christa.

P

Paper

Thesenpapier zu einem Referat. Soll die Vermutung widerlegen, daß der Referent ebensowenig schreiben kann. Einziger Nutzwert: als Nachfüllung für leere Papierkörbe geeignet.

Papierkorb

Aufbewahrungsort für Studienunterlagen (siehe Papier). Auch: Home-Trainer für Basketball-Fans. Die meisten Basketball-Spieler ergänzen das Training an Hallenkörben durch gezieltes Üben an heimischen Körben. Bis zu drei Stunden täglich katapultieren sie Bibliotheksmahnungen und Hausordnungen im Sprungwurf in den Papierkorb. Für Anfänger empfiehlt sich freilich eine leichtere Übung: Freiwürfe mit schmutzigen Unterhemden in den Waschkorb.

Professor

Prüfer

Sie den Hauptunterschied zwischen Dr. Schulze und den anderen Schwiegersöhnen!"
Die richtige Lösung fand niemand („Er ist ein Affe").
Die häufigsten Antworten:
„Der Doktor ist sympathischer und gebildeter." (33,1%)
„Er fährt einen größeren Wagen." (21,0%)
„Wer Doktor ist, kann sogar Professor werden." (17,9%)
„Wenn er sich rasieren würde, wäre er der ideale Mann für meine Tochter." (14,7%)

Prüfer

Natürlicher Feind des Studenten. Trägt seit Jahrzehnten zur Dezimierung der Studentenzahl bei. Prüfer gelten als gemein und hinterlistig. Sie stellen ihre Opfer grundsätzlich im Rudel und dringen mit Fragen auf sie ein, die oft tödlich sind.

Prüfungsangst

Wahnvorstellung mancher Studenten, die nächste Prüfung sei ihr sicherer Tod. Fixe Idee. Statistiken beweisen, daß höchstens jede zweite Prüfung tödlich endet.

Prüfungsvorbereitung

Putzphase. Die meisten Studenten beginnen die Prüfungsvorbereitung mit dem eisernen Vorsatz, jede Minute, in der keine sonstigen Arbeiten (wie z.B. Putzen) anstehen, zu lernen. Deshalb packt sie die Putzwut. Ein typisches Beispiel ist Sandra (23), Biologie-Studentin aus Bonn. Als sie fürs Vordiplom lernte, hat sie täglich viereinhalb Stunden geschrubbt und gebohnert. Sandra: „Schon der Gedanke an ein Staubkorn machte mich rasend. Besonders, wenn ich gerade Biochemie lernte."

Q

Qualitätsverlust

Seit Jahren klagen die Professoren, die Studenten würden immer dümmer. Bildungsexperten fragen sich verzweifelt, woran es nur liege. Wahrscheinlich daran, daß die Professoren immer klüger werden.

Referat

R

Raucher

Volk ohne Raum. In der jährlich von einigen Uni-Zimmervermittlungen herausgegebenen Liste der dreißig am schwierigsten zu vermittelnden Personengruppen stehen die Raucher traditionsgemäß auf Platz 5, gleich hinter dem Vampir, dem schwedischen Troll, dem Bergfaun und dem griechischen Zyklopen.

Recycling

Wiederverwertung von Hausarbeiten. Jährlich produzieren deutsche Studenten über eine Million Seminararbeiten. Die Wirkungen auf die Umwelt sind verheerend: ständige Lärmbelastung durch ratternde Schreibmaschinen, verkrüppelte Bücher dank pausenloser Benutzung, absterbende Kugelschreiber als Folge unentwegten Schreibens. Zunehmend mehr Studenten versuchen deshalb, ihre Hausarbeiten mehrfach zu verwerten, ein Bemühen, das jedoch noch allzu häufig am fehlenden Umweltbewußtsein der Dozenten scheitert.

Referat

Starkes Schlafmittel mit ungewöhnlichem Wirkungsbild: Der Student schläft, obwohl seine Augen geöffnet sind und seine Gesichtszüge äußerste Aufmerksamkeit signalisieren. Keine Suchtgefahr.

Referatanästhesie

Medizinischer Fachbegriff für den Zustand völliger Unempfindlichkeit eines unter Referateinfluß stehenden Studenten. Systematisch erforscht durch Prof. Dr. Ferensky und seine Helfer. Sie besuchten ein Politologieseminar und zwickten während des Referats die Studenten wiederholt mit glühenden Zangen. Resultat: Die Studenten schliefen weiter, Prof. Dr. Ferensky und seine Helfer aber erlitten schwere Verbrennungen und wurden ins Krankenhaus eingeliefert.

Regal

End- oder Zwischenlager für Bücher. In Studentenzimmern in vier Ausführungen denkbar:

1. Leeres Regal: Weist darauf hin, daß sich das Studium des Studenten auf die Inhalte Frauen, Kneipen und Fernsehprogramme beschränkt.

2. Regal mit wenigen Büchern: Der Student kauft in jedem Semester 2–3 Bücher, weil er
   a) sich weiterbilden will,
   b) neue Fliegenpatschen, Topfdeckel oder Frühstücksbrettchen braucht (vgl. Buch),
   c) die Frau des Buchhändlers liebt,
   d) die Frau des Müllfahrers liebt.
3. Regal mit vielen Büchern: Der Student hat noch kein zufriedenstellendes Versteck für seine Playboy-Romane gefunden.
3. Volles Regal: Der Student erwartet Familienbesuch und hat sein Zimmer mit Beständen der Bibliothek dekoriert.

Regelstudienzeit

Ewige Utopie des Bildungspolitikers. Der einzige bislang bekannt gewordene Studienabschluß innerhalb der Regelstudienzeit war der der an Verfolgungswahn leidenden Psychologiestudentin Vera Sturm. (Es heißt, vier Kultusminister hätten, zu Tränen gerührt, gleich anderntags um ihre Hand angehalten. Vergeblich: Vera starb zwei Tage nach ihrer Diplomierung an einer Managerkrankheit.)
Daß die Studienzeiten der Studenten durchweg über den Regelstudienzeiten liegen, rührt vor allem daher, daß sich die Hochschulpolitiker nach wie vor darum bemühen, Studenten nicht mit Menschen zu verwechseln.
Bekannt geworden ist der Studentenbegriff der Politiker vor allem durch ein Geheimkommuniqué mehrerer Kultusminister, das ein intrigenspinnender Ministerialrat vor Jahren einmal einer Stuttgarter Fachschaft zugespielt hat. Darin heißt es: „Die Regelstudienzeiten sind so zu bemessen, daß sie ein durchschnittlich leistungsbereiter Student (d.i. ein Student, der auf die Frage, wozu ihn Gott geschaffen hat, antwortet ‚zum Klausurenschreiben‘) mit durchschnittlichem wöchentlichem Arbeitspensum (60 Std.) einhalten könnte, wenn sein Arbeitspensum und seine Leistungsbereitschaft überdurchschnittlich wären."

Regelstudienzeit

S

Schein

Beliebtes Sammelobjekt. Anders als für Briefmarken gilt für Scheine:

a) Je leichter erhältlich, desto gefragter.
b) Je höher beziffert, desto wertloser.
c) Der Besitz von mehreren identischen Exemplaren kann zur Entmündigung führen.

Schleimer

Förderungswürdiger Student. Seine vorzüglichen Eigenschaften sind dem Professor, der ja kein Trottel ist, schnell bewußt:

a) Selbständiges Denken: Er meldet sich in Diskussionen unentwegt zu Wort, sagt „Meiner Meinung nach . . .“ und liest aus der neuesten Publikation des Professors vor.
b) Humorvolles Wesen: Er fällt selbst bei den müdesten Späßen des Professors noch vom Stuhl, hält sich den Bauch vor Lachen und jauchzt: „Mehr, mehr! Noch einen, Herr Professor! Bitte noch einen!“
c) Fleiß: In jeder Vorlesung hat er die wichtigsten Werke seines Professors vor sich liegen, um auch für jene Sekunden noch eine anregende Lektüre zu haben, in denen sich der Professor schneuzt oder eine Manuskriptseite wendet.

Schlepper

Stuntman für Klausuren. Manche Studenten finden es albern, sich ganze Nachmittage auf einige simple Klausuraufgaben vorzubereiten, die selbst die dümmsten Vollidioten lösen könnten - nur sie nicht. In ihrem berechtigten Zorn über das ständige Bemühen des Prüfungsamtes, auf ihr Privatleben Einfluß zu nehmen, wenden sie sich an Schlepper. Es sind dies meist hilfsbereite Studenten höheren Semesters, die keine erfüllendere Aufgabe kennen, als Nöte zu lindern, insbesondere ihre eigenen finanziellen.

Schock

Das Telefon klingelt. Der Student hebt ab. Am anderen Ende meldet sich der Vater und sagt: „Wir kommen morgen.“ (siehe Unordnung) Erschüttert steckt sich der Student ein Taschentuch in den Mund und

Schleimer

Schwimmbad

zündet es an. Dann fährt er sich mit einer Zigarette über die Stirn. Ihm bleiben drei Möglichkeiten:

1. Er stopft alles in den großen Schrank und vergräbt den Schlüssel im Stadtwald.
2. Er empfängt seine Eltern in einem Hotelzimmer.
3. Er bricht sein Studium ab.

Schreibmaschine

Maschine zum Zertrümmern der Nerven. Vor allem Erstsemester benötigen bei Hausarbeiten oft mehr Zeit fürs Tippen als fürs Schreiben. Der Grund: Die ungeheure Schlampigkeit, mit der Schreibmaschinen nach wie vor verpackt werden: Immer vergessen die Hersteller, eine Sekretärin beizulegen!

Schwarzes Brett

Grünes Brett für Aushänge. Meist 7–12 Meter zu schmal.
Anders als das Anzeigenaufkommen in den Printmedien, nimmt die Zahl der Aushänge in wirtschaftlich schwachen Zeiten zu. So brachte der BAföG-Schock des Jahres ’83 (siehe BAföG) z.B. ein Anwachsen der durchschnittlichen Brett-Belastung von 104 auf 137 Blätter, bedingt vor allem durch Panikreaktionen, d.h. Aushänge wie „Sammle alte Geldscheine“, „Verkaufe meine Familie“, „Suche Erbschaft“ oder „Kanzler billig abzugeben“.

Schwimmbad

Im Sommersemester vielbesuchter außeruniversitärer Tagungsort. Häufig Veranstaltungen, die, im Gegensatz zu den eher spezielleren Uni-Seminaren, auf allgemein interessierende Inhalte ausgerichtet sind. Themen wie „Anatomie“, „Proportionslehre“, „Körpersprache“, „Der letzte Zweiteiler“.

Sekretärin

Wichtigstes Standbein der internationalen Kaffeeindustrie. Statistischen Untersuchungen zufolge würde die Entlassung jeder zehnten Uni-Sekretärin mindestens acht Kaffee-exportierende Länder in den Staatsbankrott treiben.

Selbstdisziplin

Hervorstechendes Merkmal von Studenten. So wird z.B. ein Student, der sich vornimmt, eine Vorlesung zu besuchen, zweifellos kein einziges Mal fehlen. Ausgenommen natürlich, er ist verhindert. Oder er hat zufällig etwas Besseres vor. Oder er hat aus sonst einem Grunde einfach keine Lust.

Semesterferien

Anschaffphase. Für viele Studenten sind die Semesterferien die eigentliche Arbeitszeit im Jahr. Deshalb folgt auf die sinnvollerweise grundsätzlich ein Semester. So wechseln Anspannung und Erholung einander ab.

Seminar

Sleep-in. Meist im Gegensatz zu Sit-in oder Go-in ohne feste Aktionsrichtung. Seminare waren ursprünglich als Dialog zwischen Dozenten und Studenten auf Grundlage von Referatbeiträgen gedacht. Wegen der - erst später bekannt gewordenen - schlaffördernden Wirkung von Referaten (siehe dort) findet dieser Dialog jedoch nur statt, wenn der Dozent dem Studenten im Traum erscheint. Dabei sollte er allerdings unbedingt eine Sonnenbrille tragen und mit verstellter Stimme sprechen. Andernfalls erkennt ihn der Student und träumt sofort etwas anderes!

Seminararbeit

Zähe Plage. Seminararbeiten werden oft am Semesterbeginn vergeben und sind von da an uneingeschränkt lästig. Pläne, sie schon in den ersten Wochen zu schreiben, scheitern meist am schönen Wetter oder anderen unbeeinflußbaren Umständen. So kommt es, daß sie häufig erst - unter äußerstem Zeitdruck - in der sog. langen Nacht (siehe dort) entstehen.

Seminarleiter

Ranghöchster Schläfer in Seminaren. Meist promoviert oder habilitiert. Gibt typischerweise in den ersten Minuten der Sitzung dem Referenten das Wort und damit sich und den anderen den Schlaf. Reagiert auf ausbleibende Schallwellen mit anerkennendem Kopfnicken, dem Ruf „Fragen? Keine." und ermunterndem Mienenspiel hin zum nächsten Referenten.

Sex

Für den gewöhnlichen Studenten kein Thema. Er liebt sein Studium, schläft mit seinen Büchern und träumt von gemütlichen Gesangsabenden bei Onkel Herbert und Tante Resi. In seiner Freizeit bastelt er am liebsten kleine Aufmerksamkeiten für den Wohnzimmerschrank seiner Mutter.

Sex

Spickzettel

Sitzschein

Schein, der im Gegensatz zum gewöhnlichen Schein keine bestimmte Leistung, sondern lediglich regelmäßige Teilnahme voraussetzt. In Sitzschein-Seminaren geschieht alles Wesentliche unter den Bänken. Manche Studenten schreiben hier ihre Memoiren, andere reparieren ihr Radio oder unterweisen ihre Kommilitonen im Tennisspiel.

Sommersemester

Erfahrungsgemäß ist der Sommer eine der vier Jahreszeiten, in denen das Lernen besonders schwer fällt. Deshalb plädiert die deutsche Studentenschaft seit langem dafür, das Sommersemester in den Winter zu verlegen. Die zuständigen Politiker verhalten sich jedoch wieder einmal engstirnig. Sie wollen auf die Forderung nur unter der Bedingung eingehen, daß das Wintersemester dann in den Sommer verlegt wird.

Sparwitz

Witz eines Professors, der ohne jede Komik auskommt. Je nach Abhängigkeitsverhältnis der Zuhörer mit johlendem Gelächter oder lästerlichem Gejohle aufgenommen.

Spickzettel

Geheimwaffe für Klausuren. Militärischer Charakter ungeklärt. Nach Angaben von Studenten reine Defensivwaffe zur Abwehr aggressiver Fragen, nach Darstellung der Dozenten reine Offensivwaffe für Angriffe auf die Notengerechtigkeit.

Sprechstunde

Professoren sind seltene und scheue Wesen (siehe Massenuniversität). Allein Sprechstunden bieten dem Studenten die Gelegenheit, sich einem lebenden Exemplar bis auf wenige Meter zu nähern. Daß eher selten von dieser Chance Gebrauch gemacht wird, hat mehrere Gründe: 1. Sprechstunden fallen meistens aus, 2. Ihr Termin ist oft schwer wahrzunehmen (Mo 7.30–8.00, Fr 18.30–18.45), 3. Manche Studenten glauben, Sprechstunden kosteten wie Besuche im Zoo Geld.

Stoff

1. Bei Schreibweise ohne Ausrufezeichen: Material für Hosen oder Klausuren.
2. Bei Schreibweise mit Ausrufezeichen (Stoff!): Ausruf eines Konstanzer Studenten, der erregt feststellt, daß es nur noch 342 km bis

zu seiner Freundin nach Kiel sind und die Mitfahrgelegenheit nun anspornt, auf den Schlußkilometern das Äußerste aus dem Auto herauszuholen (siehe Elend, studentisches).

Strapaze, äußerste

Vorlesung, die um 8.15 Uhr beginnt. Meist von Psychopathen gehalten. Die moderne Pathopsychologie schätzt, daß nur etwa 15 Prozent der 8.15-Uhr-Dozenten voll zurechnungsfähig sind. Bei den übrigen Professoren handelt es sich überwiegend um schwere Fälle von Sado-Masochismus. Prof. Dr. O.W. aus A.: „Die meisten von uns haben zunächst Daumenschrauben, Nagelbetten und Fußwannen mit siedendem Öl benutzt. Doch irgendwann zog das nicht mehr, forderte der Körper Härteres. So landeten wir schließlich beim grausamsten aller Marterinstrumente, der raffiniertesten aller Schandtaten: der 8.15-Uhr-Vorlesung. Sie macht uns nicht nur selbst den Tag zur Hölle, indem sie uns zu nachtschlafender Zeit aus den Betten zwingt, sondern versteht es auch, die Studenten so unvergleichlich zu quälen."

Streber

Schlimmes Schimpfwort (Übersetzung etwa: „Kollaborateur", „Judas"). Bezeichnung für einen Studenten, der seine Seele für Noten verkauft. Die Angst, als Streber eingestuft zu werden, gehört zu den prägenden Ängsten im Leben vieler Studenten und führt in schweren Fällen zum sogenannten Morbus Klotz, einer nach dem Pädagogikstudenten Klaus Klotz benannten psychosomatischen Störung. Klaus Klotz erregte landesweites Aufsehen, als er im Sommer 1978 vor dem Traualtar auf die Frage des Pfarrers, ob er die neben ihm stehende Gaby S. zur Frau nehmen wolle, erwiderte: „Mir ist völlig egal, ob ich die Klausur bestehe oder nicht. Ich habe auch noch kein bißchen gelernt."

Morbus-Klotz-Erkrankte beantworten alle Fragen in dieser Weise. Es handelt sich um eine reflexhafte Reaktion der Sprechmuskulatur, die um so auffälliger ist, als die Reaktionsfähigkeit insgesamt bei den Klotz-Erkrankten stark eingeschränkt ist – eine Folge ihrer ständigen Müdigkeit: Klotz-Erkrankte schlafen kaum. Tagsüber besuchen sie demonstrativ Kneipen und Cafés und nachts, im Schutze der Dunkelheit, lernen sie.

Strapaze, äußerste

Student, ewiger

Student, ewiger	Kultfigur. Student, der alle Biersorten kennt. Meist hochsensibler Mensch. Berühmt wurde der Fall des Deutsch-Amerikaners Brand Wein. Brand studierte insgesamt 67 Semester an deutschen Hochschulen, ohne je zu erfahren, was. Verbittert begann er zu trinken. Brand erinnert sich: „Wochenlang saß ich im Audimax und suchte mein Studienfach. Vergeblich! Unter den Stühlen, hinter der Tafel, auf dem Pult - nichts! Zum Schluß hielt ich es nicht mehr aus und floh in eine Kneipe." Dort sitzt Brand Wein heute noch und - erstaunlich für einen Menschen, dem so übel mitgespielt wurde - steckt voller Optimismus. Brand: „Eines Tages finde ich es doch!" Zunächst will der rüstige Greis jedoch Lesen und Schreiben lernen.
Student, kritischer	Höchste Entwicklungsstufe des Studenten. Glaubt grundsätzlich nur, was er selbst überprüft hat. Allgemeines Ideal, das aber - so Holger (34), Soziologiestudent aus Heidelberg - „leider nur allzu selten" erreicht wird. Holger (Szenename: „Das Fragezeichen") wird von Experten zu den fünf kritischsten Studenten der Bundesrepublik gezählt. Zur Zeit befindet er sich in Südkorea. Holger telefonisch aus Seoul: „Im Radio hörte ich, daß die Oppositionskandidaten die Präsidentschaftswahlen 1987 verloren hätten. ‚Trau' ‚schau' ‚wem' sagte ich mir und bin gleich am andern Tag rüber. Seither zähle ich hier Stimmen aus. Dreitausend pro Tag. Ich bin es halt gewohnt, mir selbst eine Meinung zu bilden!"
Studentenzahlen	Inbegriff aller Veränderung. Erzählt ein Student heute seinem Professor, schon sein Vater habe studiert, wird der Professor erstaunt antworten: „Ach, Ihr Vater war das!" Dieselbe Erwiderung wird ein Student in 20 Jahren hören, wenn er erzählt, sein Vater habe nicht studiert.
Studentenzimmer	Studentische Behausung. Unterscheidet sich in oft nur im geringeren Komfort von einer Hundehütte. Einrichtung: Holzschemel, Pritsche, Wasser und Brot.
Studentin	Heimliches Studienfach aller Studenten. An technischen Universitäten: heimliches Wunschfach aller Studenten.

Studentenzimmer

studieren	Der vergebliche Versuch, schneller zu lernen als zu vergessen.
Stundenplan	Semesteruhr. Zeigt präzise den Stand des Semesters an. Lesart: 20 Wochenstunden = 1. Semesterwoche, 18 WStd. = 2. Semesterwoche . . ., 2 WStd. = letzte Semesterwoche.
Szene	In kleineren Städten: Treff für Tresensteher. In großen Städten: alternative Modenschau.

T

Tablett	Kampfobjekt in Deutschlands Mensen. Wenn in einer Mensa beispielsweise alle Tabletts bis 14.15 Uhr zurückgebracht sein sollen, weil das zuständige Personal um 14.20 Uhr Dienstschluß hat, ist folgender Ablauf typisch: Um 14.10 Uhr strömen sieben, acht oder zehn beschürzte Muttergestalten aus der Küche und verteilen sich auf alle strategisch wichtigen Punkte des Speisesaals. Derweil baut sich die übrige Belegschaft der Mensa mit drohenden Gebärden vor der Essensausgabe auf und stößt informative Schreie aus. Etwa des Inhalts: „Essen abgeben! Essen abgeben! Feierabend!" Dann folgt ein Blitzkrieg, in dem der gutgeschulte Mensatrupp stets triumphiert. Paula S. vom Studentenwerk in B.: „Noch nie ist es jemandem gelungen, auch nur bis 14.16 Uhr weiterzuessen!" Die Studenten in B. dementieren nicht. Vor Jahren hatten sie einmal einen bekannten Schwergewichtsringer engagiert. Umsonst. Punkt 14.15 Uhr schulterte ihn Paula und trug das Essen zur Küche. Ein anderes Mal hatten sie das kriegserfahrene bayerische Freikorps „Alpensturm" angeworben. Vergeblich. Punkt 14.15 Uhr entwendeten die Mensafrauen dem „Alpensturm" nach kurzem Gefecht sämtliche Tabletts und brachten sie im Kugelhagel und Granatenfeuer zur Küche . . .

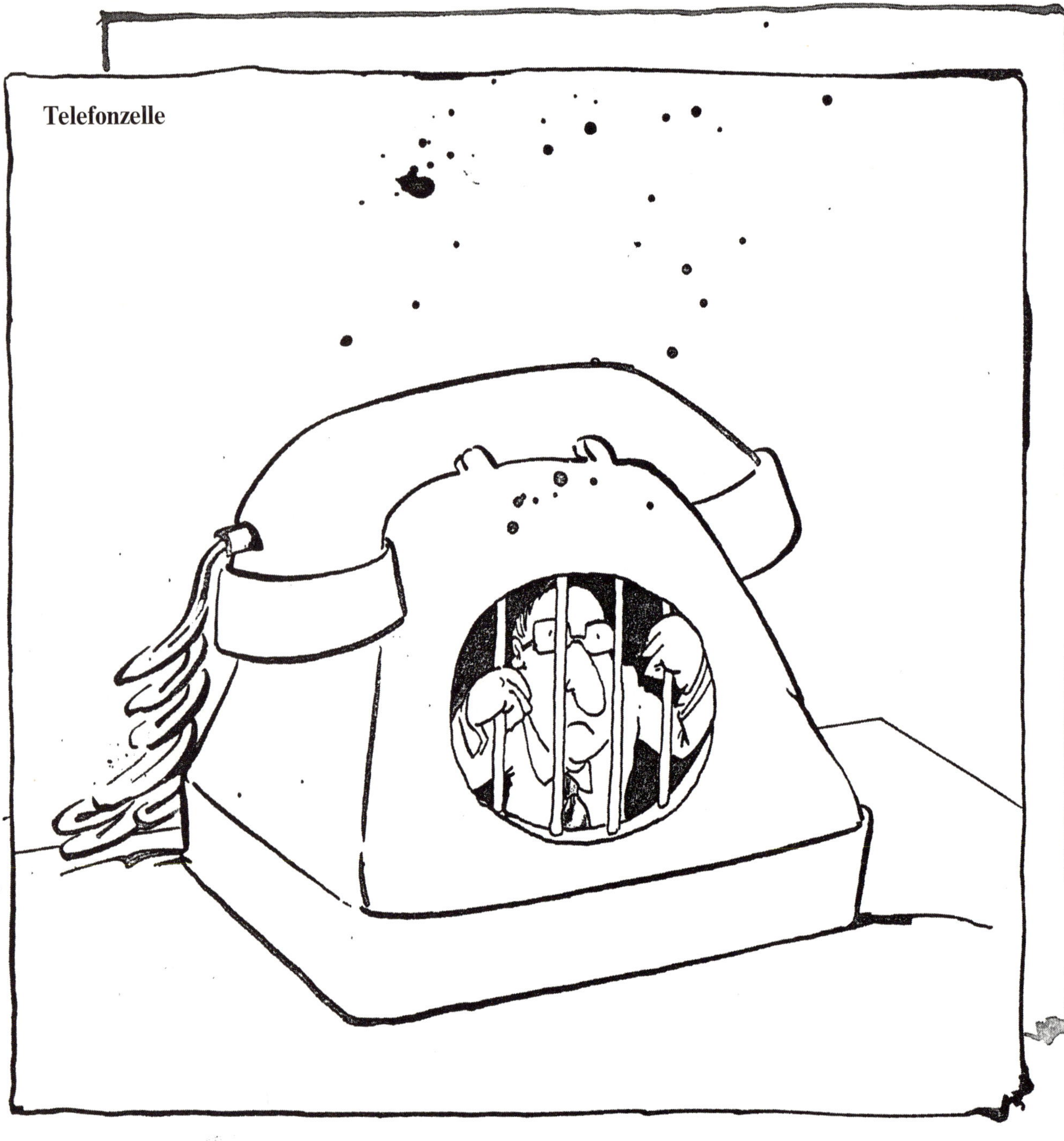
Telefonzelle

Tatendrang	Studenten sind, entgegen landläufiger Vorurteile, ausgesprochene Frühaufsteher: Sie stehen auf, lange bevor der Tag begonnen hat. Meist schon am frühen Nachmittag des Vortags.
Taxifahrer	Akademischer Beruf für Geisteswissenschaftler. Heute vor allem als Karrieresprungbrett geschätzt: Erfolgreichen Taxifahrern steht häufig eine Laufbahn als Fernfahrer offen. Wegen der zahlreichen Bewerber sollten sich Interessenten frühzeitig um berufsbezogene Praktika bemühen: als Gepäckträger, Scheibenwischer oder Kilometerzähler.
Telefonzelle	Einzelzelle für Verweigerer von Telefongebühren. Die Post betrachtet jeden, der ihr Angebot auf ein eigenes Telefon und eine eigene Grundgebühr ignoriert, als persönlichen Feind. Deshalb konstruiert sie Telefonzellen, die entweder defekt sind oder besetzt. Ein Postangestellter gestand einmal: „Die meisten unserer Telefonzellen besitzen hochsensible Sensoren, die jede telefonierwillige Person mitsamt ihrem Münzbestand bis auf 50 Meter orten. Trägt sie z.B. nur Groschen bei sich, rasseln diese ab sofort alle durch. Verfügt sie aber über alle Münzarten, geht die Zelle kaputt oder sendet einen seltenen Lockstoff aus. Dieser Duftstoff weckt in jedem näher plazierten Passanten das Bedürfnis, eben einmal kurz in die Zelle zu huschen, um noch ein Stündchen mit alten Bekannten zu plaudern. Er wirkt am besten bei Regen.“
Tussi	Es ist zu unterscheiden zwischen: a) Tussi im engeren Sinn: mobile Modenschau. b) Tussi im weiteren Sinn: Studentin, die dem Studenten durch ihr rücksichtsloses Verhalten aufgefallen ist: z.B. weil sie bessere Klausuren schreibt als er, ihm begegnet ist, als er schlechte Laune hatte, oder jemand andern liebt.

U

Uni-Bibliothek	Fitneß-Center. Mathematiker haben errechnet, daß ein Student, der in einer UB ein Buch sucht, durchschnittlich 1,2 Kilometer zurücklegt, 23 Treppen steigt, 98 Bücher stemmt und mit 2,3 Uni-Bediensteten sowie höllischer Verzweiflung ringt. Dabei verliert er etwa 0,5 Liter Flüssigkeit, 1,4 kg Körpergewicht, ein Portemonnaie und seinen Verstand.
Uni-Fete	Single-Treff mit fester Szenenfolge: 1. Szene: Die Dame befindet sich in Begleitung von Freunden, der Herr in Begleitung einer Bierflasche. 2. Szene: Beider Blicke begegnen sich. 3. Szene: Die Dame denkt „O Gott!", der Herr „Uff!". 4. Szene: Die Dame widmet sich wieder ihren Freunden. Der Herr bestellt sich noch ein Bier.
Urlaubszeit	Der Student wünscht sich nichts sehnlicher, als eines Tages im Dienste der Gesellschaft zu arbeiten. Er bemüht sich daher schon während des Studiums, seine Lebensweise der des arbeitenden Menschen anzupassen. Dies gelingt ihm vor allem in der Urlaubszeit.

V

Vater Staat	Goldesel mit Verdauungsstörungen (siehe BAföG). Spuckte in den siebziger Jahren ordentliche Studentengehälter aus, leidet heute jedoch an chronischer Verstopfung. Richtige Behandlung strittig. Oppositionelle Ärzte empfehlen: drei Schläge auf den Hinterkopf des Bundeskanzlers.
Verbindung, schlagende	Workshop für heranwachsende Zorros.

Urlaubszeit

Vermieterin

Ältere Dame, die meist im Preis inbegriffen ist. Bevölkert die Universitätsstädte seit jeher in zwei Ausführungen: einer (eher seltenen) sympathischen und einer (eher häufigen) nervtötenden.
Nervtötende Vermieterinnen wohnen nebenan und haben in ihrer Jugend eine beinharte Grundausbildung beim amerikanischen CIA absolviert. Fächer: Schnüffeln, Lauschen, Petzen. Sie waren stets Jahrgangsbeste, suchten aber nach echten Herausforderungen und wurden deshalb Vermieterin. Staubkörner orten sie auf eine Entfernung von 15–20 Metern, Damenbesuch (Herrenbesuch) unmittelbar nach seiner Ankunft am Hauptbahnhof. Sympathische Vermieterinnen hingegen gewinnen einen Tag nach Abschluß des Mietvertrags im Lotto und ziehen nach Monaco. Nur an Weihnachten rufen sie an, weil sie meinen, daß der Mietpreis zu hoch ist oder um zu fragen, ob der Student ein Zimmermädchen wünscht.

---

versacken

Sündenfall eines Studenten. Die Geschichte ist stets dieselbe: Der junge Student vom Lande – nennen wir ihn Knut –, unschuldig, treuherzig und ahnungslos, möchte den örtlichen Pfadfindern beitreten. Auf dem Weg zur Gruppenstunde verirrt er sich jedoch im sündigsten Viertel der Stadt. Das schmutzige, verderbte Treiben entlockt ihm nur Ekel und Abscheu. Angewidert bedeckt er seine Augen. Doch weh und ach! – Perfidie des Schicksals! – mit bedeckten Augen kann er nichts sehen. So läuft Knut geradewegs in die dunkelste Kaschemme der Stadt.
Dort erwarten ihn bereits zahlreiche Kommilitonen, die ebenfalls Pfadfinder werden wollten. Verbittert sucht nun auch Knut Trost bei einem Glas Schnaps.
So enden nicht wenige akademische Talente als Trinkbrüder, obwohl sie genauso gut Schwatztante oder Herbergsvater hätten werden können.

Versteck

Aufbewahrungsort für Spickzettel (siehe dort). Die unentwegten Bemühungen engagierter Spicker, die traditionelle Mogellehre durch eine experimentelle Versteck-Forschung zu revolutionieren, blieben ohne nennenswerte Resultate: In der Praxis dominieren nach wie vor konventionelle Verstecke wie Federhalter-Etui, Hosen-, Mantel- und Jackentaschen. Zwar gelten neu entwickelte Depots wie Büstenhalversacken

Walkman

ter, Unterhosen, kleine Brüder in der Caféteria oder ausrangierte Schlachthöfe in der Nachbarschaft als außerordentlich sicher, doch erschweren sie den Zugriff erheblich - vor allem während der Klausur.

Vorlesung, gewöhnliche Gemeinsame Lesestunde: Der Professor liest laut in einem Buch, der Student leise in einer Zeitung.

Vorlesung, wichtige Vorlesung mit Abschlußklausur. Verwandelt träge, schläfrige Studenten in besessene Protokollanten, die jedes Wort des Professors festzuhalten versuchen. Meist mit beschränktem Erfolg: Die ungewöhnlich hohe Belastung führt rasch zu einem Zustand völliger Erschöpfung, der für gewöhnlich erreicht ist, nachdem der Morgengruß präzise notiert wurde.

Vorsätze Klotz am Bein. Schwere Gehbehinderung, die vor allem auf den schlecht befestigten Wegen des Kneipenviertels zur Last fällt. Schleift sich erfahrungsgemäß bei Kontakt mit der Wirklichkeit rasch ab.

W

Walkman Elektronischer Ohrwärmer. Heizt zwar tüchtig ein, sollte aber nur in völliger Abgeschiedenheit getragen werden: Erfahrungsgemäß werden öffentlich zur Schau getragene Walkmen noch immer mit Stöpseln für aufgeblasene Wichtigtuer verwechselt.

Wäsche, schmutzige Verbindungsglied zwischen Student und Heimat. Für die meisten Studenten bedeutet das süße Rauschen der heimischen Waschmaschine ein beispielloses Glückserlebnis. Willi (Kunstgeschichte, Bonn) spricht für viele, wenn er sagt: „Ich kenne nichts Schöneres. Es klingt wie die Opern von Wagner oder der ‚Messias‘ von Händel, die Sinfonien von Beethoven oder ‚Die Schöpfung‘ von Haydn! Je nachdem, welche Platte man gerade hört, wenn Mutter in die Waschküche geht.“

Wecker

Dekorationsstück mit dem Nutzwert eines Porzellanhirschs. Messungen haben erwiesen, daß selbst von Natur aus schlappe und schwerfällige Studenten in der Lage sind, ihren Wecker binnen 0,00001 Sekunden nach Erklingen des Wecksignals in seine Bestandteile zu zerlegen. Studenten bevorzugen daher andere Weckgeräte: kleine Sprengsätze mit der Detonationskraft einer Wasserbombe oder Bettfedern, die den Schlafenden wie mit einem Schleudersitz aus dem Fenster katapultieren.

Widerstandskämpfer

Student, der unter heldenhaftem Einsatz der Nerven anderer für ein besseres System kämpft. Versteht sich als einzig Sehender unter Blinden. Betätigt sich daher unentwegt als Armleuchter, ohne sich dessen bewußt zu werden.
Leidet auch regelmäßig an schwerer Allergie gegenüber Andersdenkenden: Reagiert in schlimmen Fällen mit (Faust-)Ausschlag, gefährlichem Anschlag und Farbbeutelabsonderung.

Wiese

An heißen Sommertagen: Studentengrill.
Wiesen gehören zu den größten Sehenswürdigkeiten auf dem Campus: Während des Sommersemesters wechseln sie unentwegt ihre Farbe. Zunächst sind sie grün, dann weiß, dann braun und schließlich, in den Klausurwochen, wieder grün.

Wohngemeinschaft

Oft: Diskutierclub oder Verein zur Pflege und Förderung studentischer Lebensprobleme. Auch: Fertigungsstelle für wertvolle Beziehungskisten.

Wohnheim

Heim für finanziell verwahrloste Studenten (sog. BAföG-Empfänger) und ausländische Kommilitonen. Charakteristika: niedrige Mieten, noch niedrigerer Komfort, Zimmergröße, die präzise auf die Bedürfnisse von Kindern, Pygmäen, Liliputanern und Zwergaffen zugeschnitten ist.

Widerstandskämpfer

Z

Zeit, Die

Schmuckstück für kritische Intellektuelle. Leger unter dem Arm getragen. Wiegt bei Sonnenschein 1,5 kg, bei Regen 2,5 kg.

Zeitung

Wie alle führenden Menschen in Staat, Wirtschaft und Gesellschaft müssen auch Studenten stets gut informiert sein. Deswegen lesen sie bis zu neunmal täglich die Zeitung. Holger (s. Student, kritischer) telefonisch aus Seoul: „Man weiß nie, ob nicht doch etwas Neues drinsteht."

Zimmersuche

Gang nach Canossa. Verspricht nur dann Erfolg, wenn der Student bestimmte Regeln einhält.:

1. Er läßt sich zuvor von einem Arzt, Richter oder berühmten Schauspieler adoptieren.
2. Er stellt sofort unaufgefordert klar, daß er Frauengeschichten (Männergeschichten) für schmutzig und verabscheuenswürdig hält. Schon seine Großeltern hätten erst geheiratet, bevor sie das erste Mal miteinander geflirtet hätten.
3. Er akzeptiert bereitwillig alle Vertragsbedingungen, auch solche, die ihn verpflichten, regelmäßig den Hund auszuführen, den Garten zu jäten, das Sprechen zu unterlassen, das Zimmer nicht zu betreten und die Vermieterin (den Vermieter) zu heiraten.

Zuhause

Beschaffungsabteilung. Meist in drei Planstellen besetzt:
a) Vater: zuständig für Geld, Jobs, Praktika.
b) Mutter: zuständig für saubere Wäsche, Lebensmittel, Stories.
c) Kleiner Bruder: zuständig für Ehrfurcht, Bewunderung, Gehorsam.

Zwang

Studenten sind mündige, erwachsene Menschen. Sie lernen aus einem natürlichen Bedürfnis heraus: Es macht ihnen Spaß, ihre Talente zum Wohle der Gesellschaft zu entfalten und mehr über die Welt, in der sie leben, lieben und fernsehen, zu erfahren. Mit Zwang erreicht

Zeitung

Zweifel

man bei ihnen gar nichts. Außer vielleicht, daß sie statt einer Stunde vierzig Stunden pro Woche lernen.

Zweifel Der jeden Studenten quälende Verdacht, das Falsche zu studieren. Nur durch Gewißheit zu überwinden.

ISBN 3–8231–0135–8

ISBN 3–8231–0543–4

ISBN 3–8231–0126–9

TOMUS-Bücher machen Spaß

ISBN 3-8231-0176-5

ISBN 3–8231–0166–8

ISBN 3–8231–0139–0

ISBN 3–8231–0116–1

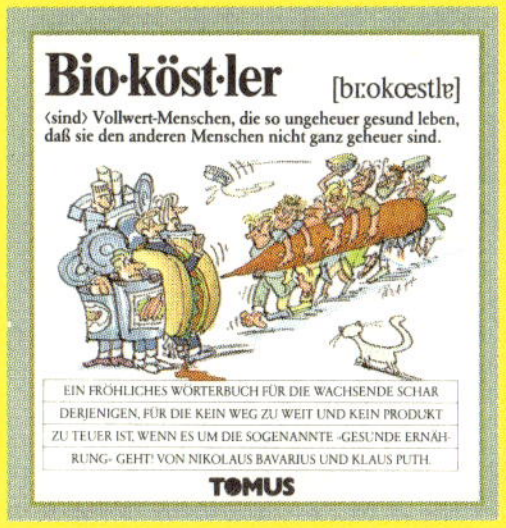

ISBN 3–8231–0173–0

ISBN 3-8231-0177-3

ISBN 3–8231–0105–6

Fröh·li·che Wör·ter·bü·cher von A bis Z

ISBN 3–8231–0138–2

ISBN 3–8231–0136–6

TOMUS-Bücher machen Spaß

ISBN 3–8231–0159–5

ISBN 3-8231-0179-X

ISBN 3–8231–0110–2

ISBN 3–8231–0162–5

ISBN 3-8231-0181-1*

ISBN 3-8231-0545-0*

ISBN 3-8231-0101-3

ISBN 3–8231–0120–X

ISBN 3–8231–0137–4

ISBN 3–8231–0121–8

ISBN 3–8231–0152–8

ISBN 3–8231–0157–9

ISBN 3–8231–0122–6

ISBN 3–8231–0144–7

ISBN 3–8231–0114–5

ISBN 3–8231–0113–7

TOMUS-Bücher machen Spaß

ISBN 3–8231–0541–8

ISBN 3–8231–0554–2

Fröh·li·che Wör·ter·bü·cher von A bis Z

ISBN 3–8231–0107–2

ISBN 3–8231–0128–5

ISBN 3–8231–0112–9

ISBN 3–8231–0542–6

ISBN 3–8231–0149–8

ISBN 3–8231–0546–9*

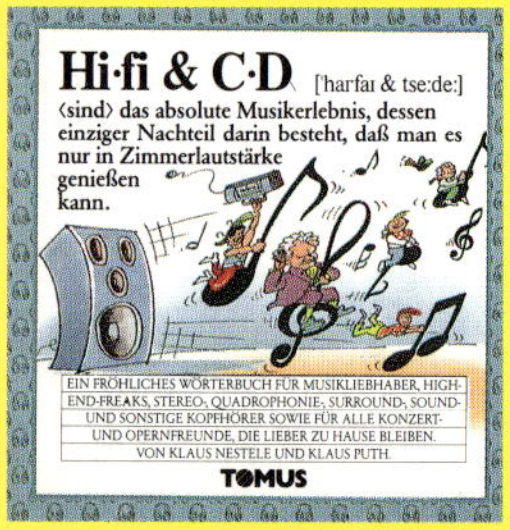

ISBN 3–8231–0147–1

TOMUS-Bücher machen Spaß

ISBN 3–8231–0167–6

ISBN 3–8231–0540–X

ISBN 3–8231–0129–3

ISBN 3–8231–0143–9

ISBN 3–8231–0168–4

ISBN 3–8231–0119–6

TOMUS-Bücher machen Spaß

ISBN 3–8231–0123–4

ISBN 3–8231–0134–X

ISBN 3–8231–0154–4

ISBN 3–8231–0163–3

ISBN 3–8231–0164–1

ISBN 3–8231–0169–2

ISBN 3–8231–0170–6

Fröh·li·che Wör·ter·bü·cher von A bis Z

ISBN 3–8231–0124–2

ISBN 3–8231–0140–4

ISBN 3–8231–0117–X

ISBN 3–8231–0171–4

ISBN 3–8231–0156–0

ISBN 3–8231–0109–9

ISBN 3–8231–0175–7

TOMUS-Bücher machen Spaß

ISBN 3–8231–0172–2

ISBN 3–8231–0111–0

ISBN 3–8231–0151–X

ISBN 3–8231–0130–7

ISBN 3–8231–0158–7

ISBN 3–8231–0125–0

ISBN 3–8231–0131–5

ISBN 3–8231–0530–2

ISBN 3-8231-0531-0

TOMUS-Bücher machen Spaß

ISBN 3–8231–0141–2

ISBN 3–8231–0150–1

ISBN 3-8231-0145-5

ISBN 3–8231–0146–3

Fröh·li·che Wör·ter·bü·cher von A bis Z

ISBN 3–8231–0115–3

ISBN 3-8231-0178-1

ISBN 3–8231–0118–8

ISBN 3–8231–0103–X

ISBN 3–8231–0155–2

ISBN 3–8231–0161–7

ISBN 3–8231–0160–9

ISBN 3–8231–0132–3

ISBN 3–8231–0133–1

ISBN 3–8231–0148–X

ISBN 3–8231–0142–0